始まりのことば

聖書と共に歩む日々366

片柳弘史

教文館

はじめに

　聖書が一番伝えたいメッセージ、それは、「あなたは神さまの子供。神さまはあなたを愛している」ということでしょう。今から二千年ほど前、パレスチナの地に現れたイエス・キリストは、社会の片隅に追いやられた貧しい人たち、職業や病気などによって差別されていた人たちを訪ね歩き、いつくしみ深いまなざしと温かな手、いたわりに満ちた言葉でこのメッセージを伝えました。貧しさや差別の中で苦しんでいた人たちは皆、イエスと出会って心を揺り動かされ、目に涙を浮かべて喜びました。これまで誰も、そんなにやさしい言葉をかけてくれた人などいなかったからです。自分が神の子だと知って生きる希望を取り戻した人たちは、イエスの周りに集まり、イエスのあとに従って歩み始めました。それが、キリスト教の出発点だったとわたしは思っています。

そんなイエスとの出会いを、時間と場所を越えてすべての人が体験できるようにと、神さまはわたしたちに聖書を与えてくださいました。ですが、初めて読む方の中には、「いきなり聖書は難しい」と感じる方が多いのも事実です。そんな皆さんのために、聖書の中から三六六の言葉を選び、簡単な説教をつけて一冊の本にまとめてみました。この本に収められた言葉には、どれも神さまの愛がたっぷり詰まっています。これらの言葉を通して神さまの愛に触れたなら、次は聖書を読まずにいられなくなるでしょう。この本が、みなさんと神さまの出会いの出発点、ここからすべてが始まる「始まりのことば」となりますように。

※本文中に引用した聖句と略記は基本的に新共同訳聖書に従いました。ただし、読みやすさを考慮し、改行した箇所があります。

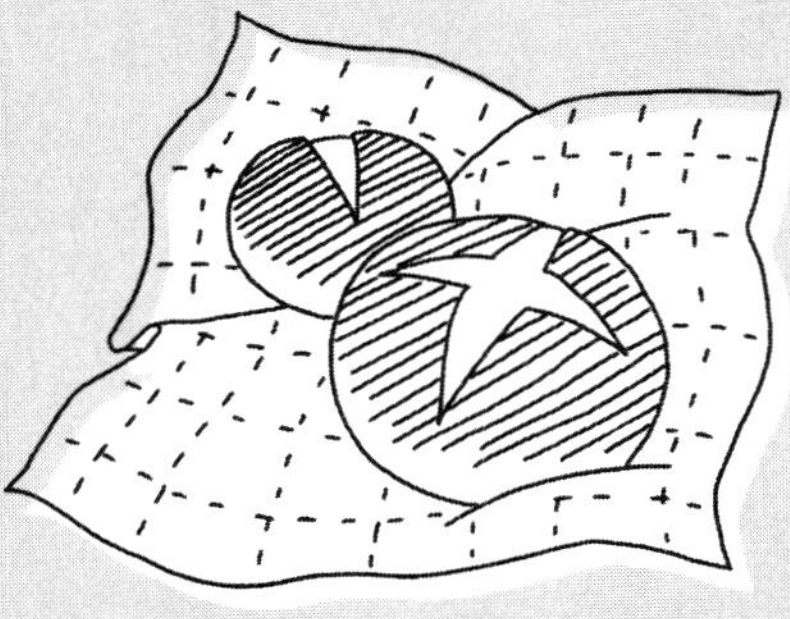

1月

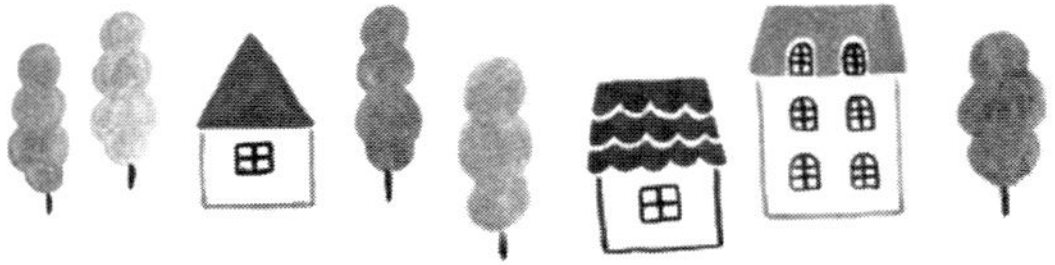

1月1日

初めの言

初めに言《ことば》があった。
言は神と共にあった。
言は神であった。（ヨハ1・1）

愛で満たされた神さまの心から、
「ことば」があふれ出しました。
「ことば」は光となって闇を照らし、
世界を形作り、人間に命を与えました。
わたしたちは、
神さまの愛によって生きているのです。

創造の業《わざ》

神はお造りになった
すべてのものを御覧になった。
見よ、それは極めて良かった。（創1・31）

神さまがお造りになったものに、
失敗作はありません。
わたしたちは誰もが、
神さまの最高傑作なのです。

1月2日

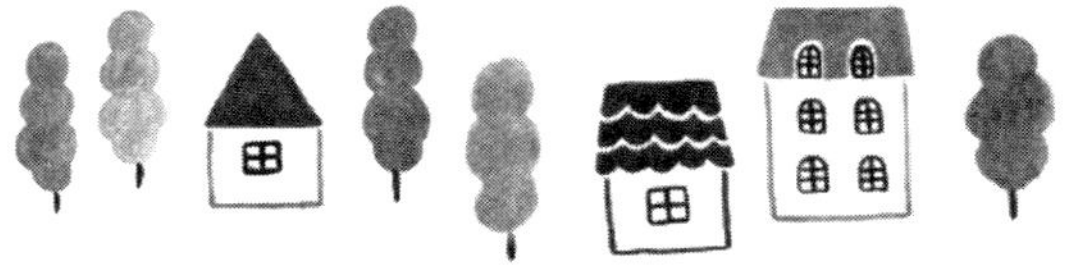

被造物の価値

生かすためにこそ
神は万物をお造りになった。
世にある造られた物は価値がある。（知1・14）

神さまは、わたしたちが
生きることを望んでおられます。
すべての命はかけがえのない命。
生きる意味のない命など、
一つとして存在しないのです。

1月3日

悪魔の誘惑

決して死ぬことはない。
それを食べると、目が開け、
神のように善悪を知るものと
なることを神はご存じなのだ。（創3・4－5）

神さまが掟《おきて》を定めたのは、
人間が自分勝手に
善悪を決めて罪を犯さないため。
悪魔の巧妙な誘惑を、
退けることができますように。

1月4日

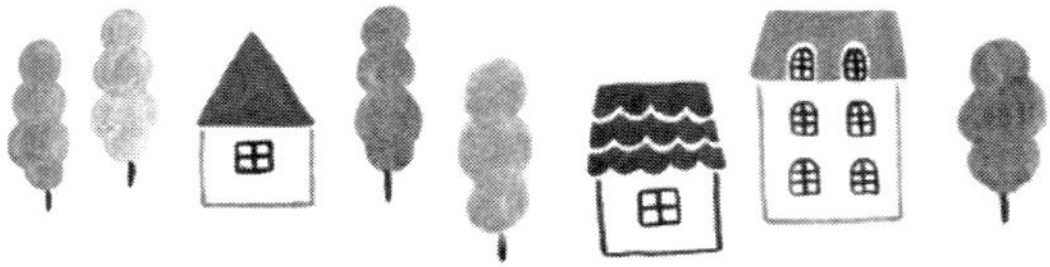

1月5日

人間の罪

主なる神は女に向かって言われた。

「何ということをしたのか」。

女は答えた。

「蛇がだましたので、食べてしまいました」。（創3・13）

悪魔の誘惑がどれほど巧みでも、
人間が受け入れさえしなければ
罪に陥ることはありません。
罪を、誰かのせいにはできないのです。

悪からでさえ

あなたがたはわたしに
悪をたくらみましたが、
神はそれを善に変え、……
今日のようにしてくださったのです。（創50・20）

神さまは、人間の悪からさえ、
善を生み出すことができる方。
悪が地上を支配することがあっても、
あきらめる必要はありません。
信じて、祈り続けましょう。

1月6日

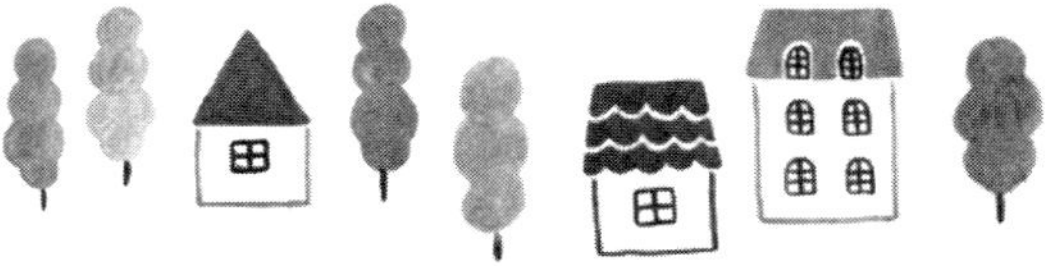

1月7日

光と闇

闇もあなたに比べれば闇とは言えない。
夜も昼も共に光を放ち
闇も、光も、変わるところがない。（詩139・12）

イエスと共に担うとき、
苦しみや痛みさえ
喜びの光を放ちます。
神さまの前では、
闇さえも光り輝くのです。

表裏一体

すべてのものは対をなし、一方は他に対応する。
主は不完全なものを何一つ造られなかった。
一方は他の長所を更に強める。（シラ42・24－25）

光がなければ闇はなく、
闇がなければ光はありません。
生まれたからこそ死ぬのであり、
やがて死ぬからこそ生は尊いのです。
すべてのことは表裏一体。
無駄なものは何ひとつありません。

1月8日

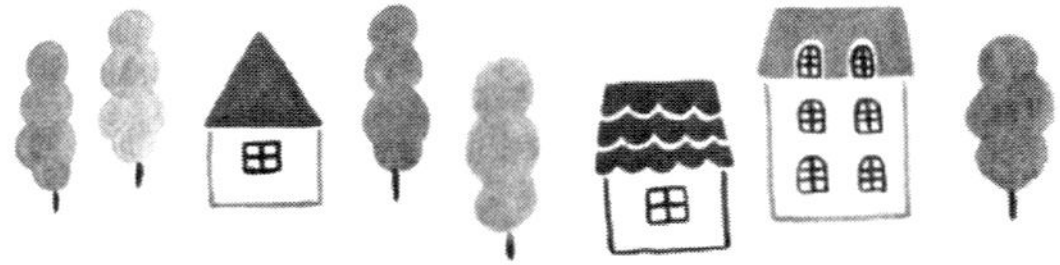

1月9日

神の派遣

わたしは主の御声を聞いた。
「誰を遣わすべきか。
誰が我々に代わって行くだろうか」。
わたしは言った。
「わたしがここにおります。
わたしを遣わしてください」。（イザ6・8）

神の栄光を現すために造られたわたしたち。
神さまから呼ばれたならば、
喜んで答えることができますように。

あなたを忘れない

女が自分の乳飲み子を忘れるであろうか。……
たとえ、女たちが忘れようとも
わたしがあなたを忘れることは決してない。（イザ49・15）

わたしたちは神さまの子供。
母の腕に抱かれた子供のように、
神さまの愛に身を委ねましょう。
何も心配する必要はありません。

1月10日

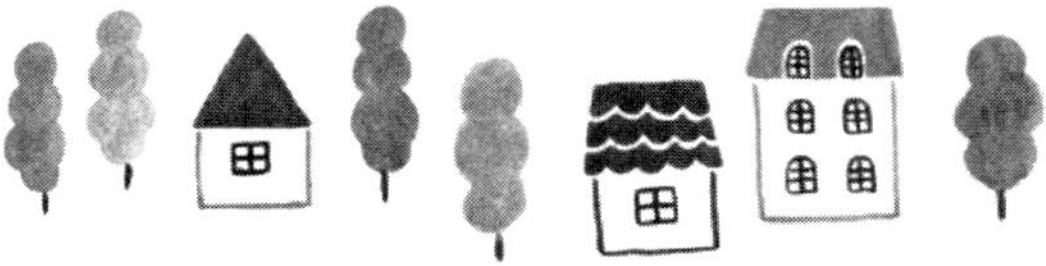

1月11日

望まれてこそ

（主よ）あなたがお望みにならないのに存続し、
あなたが呼び出されないのに存在するものが
果たしてあるだろうか。（知11・25）

神さまが望まなければ、
わたしたちは存在しなかったでしょう。
誰もが、望まれて生まれてきた、
神さまの子供なのです。

陶工と粘土

見よ、粘土が陶工の手の中にあるように、
イスラエルの家よ、
お前たちはわたしの手の中にある。（エレ18・6）

神さまは、器を、
その目的に従って
一番ふさわしい形に仕上げてくださいます。
わたしたちの人生の形には、
それぞれ必ず意味があるのです。

1月12日

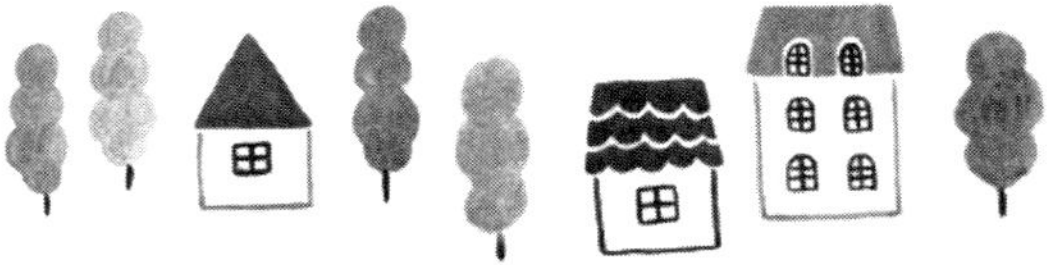

とこしえの愛

わたしは、とこしえの愛をもって
あなたを愛し
変わることなく慈しみを注ぐ。（エレ31・3）

神さまの愛は無条件。
わたしたちが、わたしたちだというだけで、
いつまでも変わらずに愛してくださるのです。
無条件の愛は、終わることがありません。

1月13日

肉の心

わたしはお前たちの体から
石の心を取り除き、肉の心を与える。（エゼ36・26）

硬くて冷たい石の心、
ぶつかって人を傷つけ、
自分自身も壊れてしまう石の心ではなく、
柔らかくて温かい肉の心、
ぶつかっても人を傷つけず、
相手をやさしく包み込む肉の心を、
主が与えてくださいますように。

1月14日

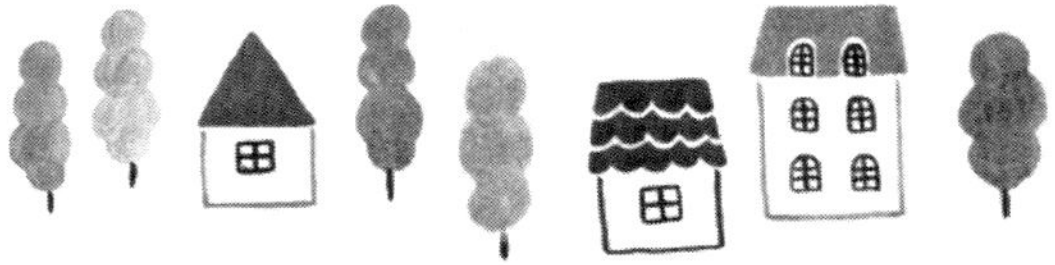

嘆きを越えて

なんという空しさ、すべては空しい。
太陽の下、人は労苦するが
すべての労苦も何になろう。（コヘ1・2－3）

歳をとらない人も、
いつまでも死なない人もいません。
どれほど大きな富、名誉、権力も、
やがて死によって奪い取られます。
死でさえ奪えないもの、
永遠の愛のために生きられますように。

1月15日

心の貧しい人

心の貧しい人々は、幸いである、
天の国はその人たちのものである。（マタ5・3）

何ものにもしがみつかない心、
すべてを神さまに委ねて空になった心を、
神さまは、あふれるほどの愛で
豊かに満たしてくださいます。

1月16日

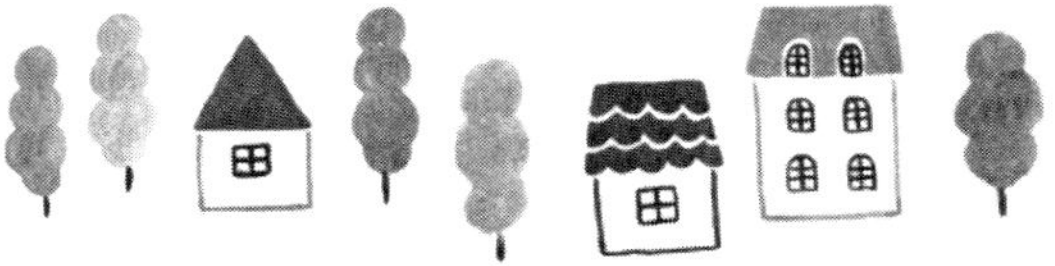

1月17日

心の清い人

心の清い人々は、幸いである、
その人たちは神を見る。（マタ5・8）

くもりのない澄んだ目で見る人は、
木々や草花、鳥や動物たちの中に、
出会うすべての人々の中に、
神さまの愛を見つけ出すことでしょう。

地の塩

あなたがたは地の塩である。
だが、塩に塩気がなくなれば、
その塩は何によって塩味が付けられよう。（マタ5・13）

「このくらいは、まあいいか」と
妥協するたびごとに、
わたしたちは塩気を失ってゆきます。
地にまかれた塩であり続けられますように。

1月18日

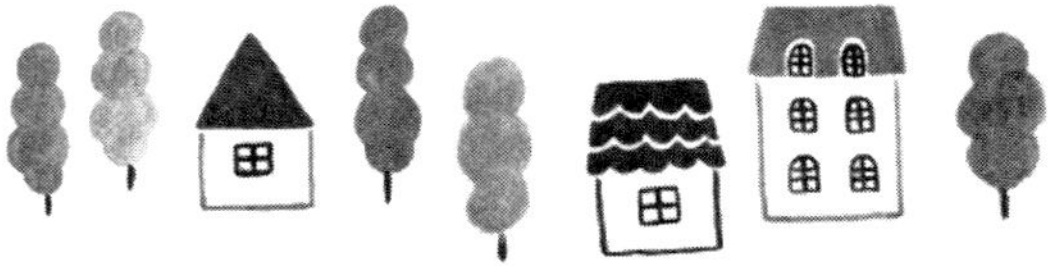

世の光

あなたがたは世の光である。……
あなたがたの光を
人々の前に輝かしなさい。（マタ5・14、16）

裏表のないやさしさや、
思いやりに満ちた笑顔は、
この世界に希望の光をともします。
神さまの愛に満たされて、
世の光となれますように。

1月19日

心を静める

兄弟に「ばか」と言う者は、
最高法院に引き渡され、
「愚か者」と言う者は、
火の地獄に投げ込まれる。（マタ5・22）

怒りはわたしたちの心を引き裂き、
憎しみはわたしたちの心を焼き尽くします。
自分自身の不完全さを思い出すことで、
怒りや憎しみを静められますように。

1月20日

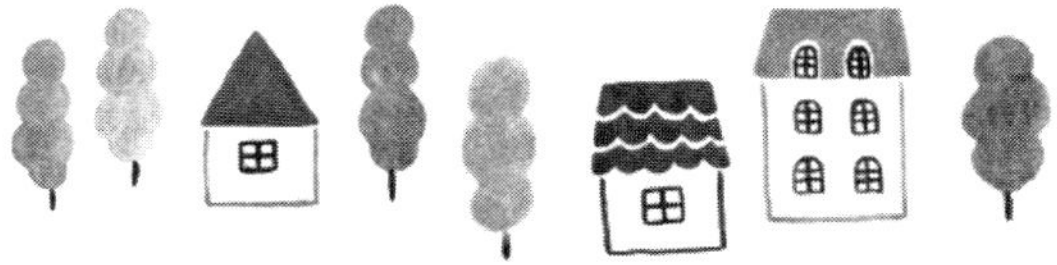

愛で立ち向かう

悪人に手向かってはならない。
だれかがあなたの右の頬を打つなら、
左の頬をも向けなさい。（マタ5・39）

悪に対して悪で立ち向かえば、
その瞬間に悪が勝利します。
悪を打ち破るには、
愛によって立ち向かう以外ありません。
この言葉は、敗北宣言ではなく、
むしろ悪に対する宣戦布告なのです。

1月21日

共に生きる道

敵を愛し、
自分を迫害する者のために祈りなさい。
あなたがたの天の父の子となるためである。（マタ5・44－45）

どれほど憎い敵でも、
神さまの目から見れば大切な子供の一人。
兄弟姉妹であるわたしたちが争えば、
神さまは悲しまれるでしょう。
共に生きてゆく道を、
見つけることができますように。

1月22日

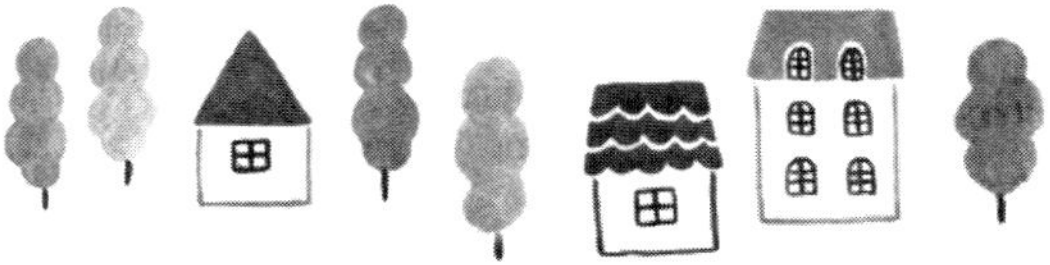

委ねる祈り

祈るときは、異邦人のように
くどくどと述べてはならない。……
あなたがたの父は、願う前から、
あなたがたに必要なものをご存じなのだ。（マタ6・7－8）

必要でないものは、願っても与えられないし、
本当に必要なものは、願わなくても与えられます。
すべてを神さまの手に委ね、
み旨が行われますようにと祈りましょう。

1月23日

天上の富

富は、天に積みなさい。
そこでは、虫が食うことも、
さび付くこともなく、また、
盗人が忍び込むことも盗み出すこともない。（マタ6・20）

地上の宝を、
貧しい人たちと分かちあうとき、
天に宝が積まれます。
惜しみなく与えることで、
天に宝を積みましょう。

1月
24日

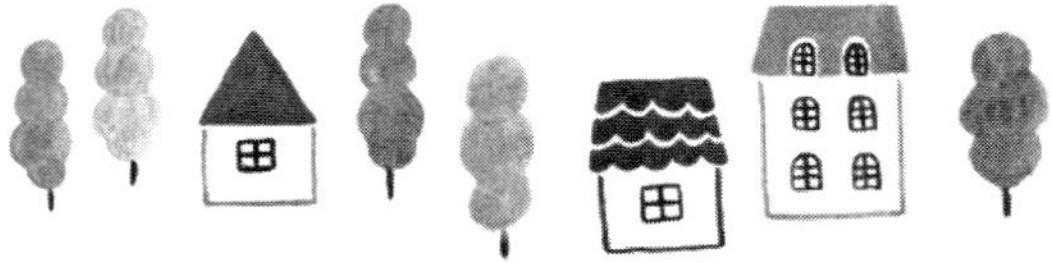

空の鳥

空の鳥をよく見なさい。
種も蒔《ま》かず、刈り入れもせず、
倉に納めもしない。
だが、あなたがたの天の父は
鳥を養ってくださる。（マタ6・26）

苦しいときには、
空の鳥を見上げましょう。
空の鳥を豊かな愛で養われる神さまは、
わたしたちにも必ず愛を注いでくださいます。

1月25日

思い悩むな

あなたがたのうちだれが、
思い悩んだからといって、
寿命をわずかでも延ばすことができようか。（マタ6・27）

明日のことを思い悩んでも、
わたしたちが明日まで
生きているという保証はありません。
わたしたちにできるのは、与えられた今日を
精いっぱい生きることだけです。

1月26日

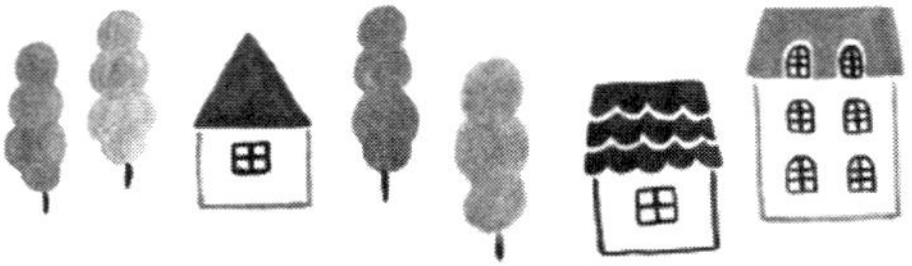

1月27日

今日を生きる

明日のことまで思い悩むな。
明日のことは明日自らが思い悩む。
その日の苦労は、その日だけで十分である。（マタ6・34）

起こるかどうかも分からない
先のことのために、
心を消耗させるのは無駄なこと。
その力を今日のために注げば、
明日はきっとよい日になるでしょう。

まず自分から

兄弟に向かって、
「あなたの目からおが屑を取らせてください」と、
どうして言えようか。
自分の目に丸太があるではないか。（マタ7・4）

自分のことは棚に上げ、
相手を厳しく裁く傲慢さこそ、
わたしたちの目の中に入った丸太。
自分の間違いを認める謙虚さがなければ、
相手の間違いを取り除くことはできません。

1月28日

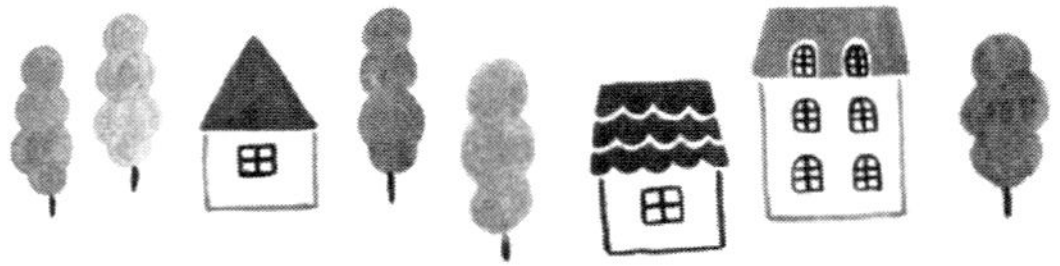

諦めない

求めなさい。そうすれば、与えられる。
探しなさい。そうすれば、見つかる。
門をたたきなさい。そうすれば、開かれる。（マタ7・7）

大切なのは、
簡単に諦めてしまわないこと。
門が開かれないとすれば、
それはまだ
時が来ていないだけなのです。

1月29日

思いやりの心

人にしてもらいたいと思うことは何でも、
あなたがたも人にしなさい。
これこそ律法と預言者である。（マタ7・12）

自分が疲れているときには、
周りの人も疲れている。
自分がやさしい言葉をかけてほしいときは、
周りの人もやさしい言葉をかけてほしい。
そのことを忘れないようにしましょう。

1月30日

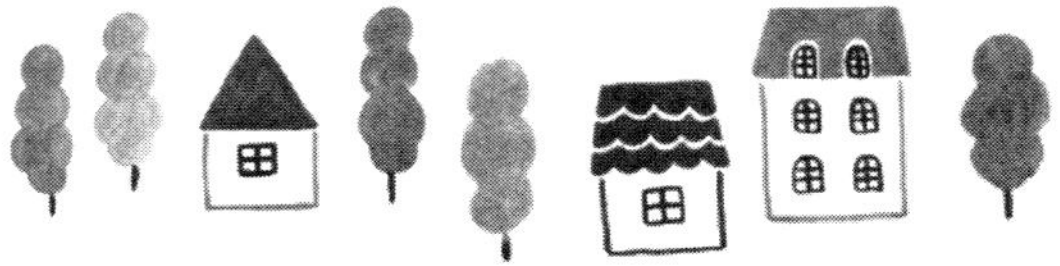

狭い門

狭い門から入りなさい。……
命に通じる門はなんと狭く、
その道も細いことか。（マタ7・13－14）

すべて差し出す覚悟がなければ、
愛を貫くことはできません。
愛は限りなく狭い道。
ですが、この道だけが
命に通じる道なのです。

1月31日

2
月

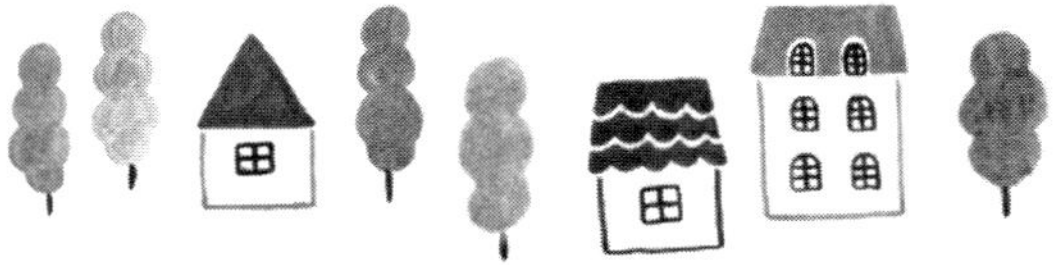

2月1日

行いの実

茨からぶどうが、
あざみからいちじくが採れるだろうか。
すべて良い木は良い実を結び、
悪い木は悪い実を結ぶ。（マタ7・16―17）

わたしたちが結ぶ実の栄養は、
行いに込められた愛。
見かけはよくても栄養のない実ではなく、
栄養たっぷり、愛情たっぷりの実を
結ぶことができますように。

人生の土台

これらの言葉を聞いて
行う者は皆、
岩の上に自分の家を建てた
賢い人に似ている。（マタ7・24）

愛の教えは、実践することで
真実の愛になります。
真実の愛こそ、
わたしたちの人生の
揺るぎなき土台なのです。

2月2日

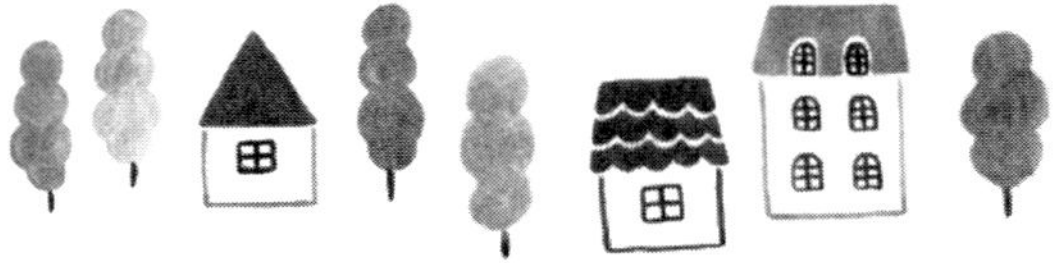

2月3日

使命のために

狐には穴があり、
空の鳥には巣がある。
だが、人の子には枕する所もない。（マタ8・20）

イエスと一緒ならば、
たとえ野宿でもかまわない。
人々を救うためなら、
どんな労苦もいとわない。
イエスについてゆくためには、
その覚悟が必要です。

悪霊の目的

（悪霊が入ると）豚の群れは
みな崖を下って湖になだれ込み、
水の中で死んだ。（マタ8・32）

悪霊の目的は、
取りついた相手を滅ぼすこと。
悪の誘惑に身を任せれば、
待っているのは滅びだけ。
悪の誘惑に負けず、
最後まで戦い続けられますように。

2月4日

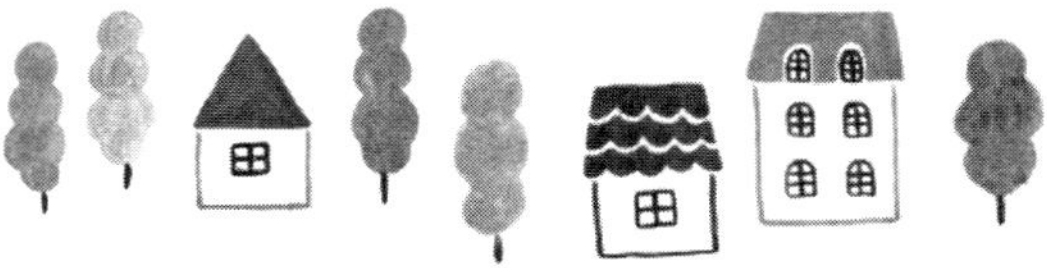

闇を照らす光

軛《くびき》を負わすこと、指をさすこと
呪いの言葉をはくことを
あなたの中から取り去るなら
飢えている人に心を配り
苦しめられている人の願いを満たすなら
あなたの光は、闇の中に輝き出で
あなたを包む闇は、真昼のようになる。（イザ58・9－10）

怒りや憎しみの闇を取り去ること。
愛の光を灯すこと。それが神さまの願いです。

2月5日

神さまのもとへ

立ち上がってダマスコへ行け。
しなければならないことは、
すべてそこで知らされる。（使22・10）

自分の罪深さに
打ちのめされて倒れたなら、
立ち上がって神さまのもとに帰りましょう。
本当にすべきことは、そこで知らされます。

2月6日

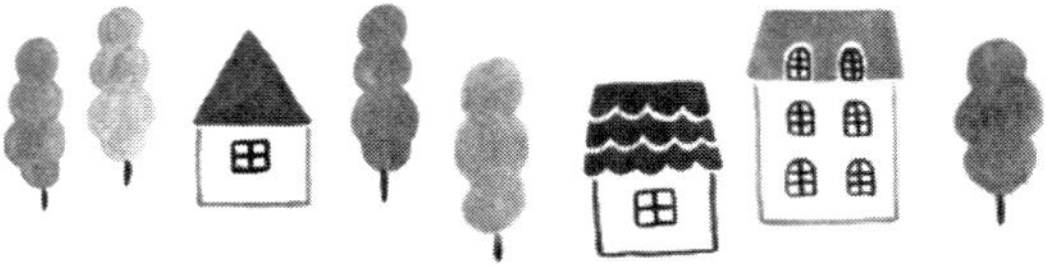

2月7日

愛が道しるべ

わたしは、こう祈ります。
知る力と見抜く力とを身に着けて、
あなたがたの愛がますます豊かになり、
本当に重要なことを見分けられるように。（フィリ1・9－10）

どちらを選ぶか迷ったら、
諦めることよりも待つことを、
責めることよりもゆるすことを、
助けないことよりも助けることを選びましょう。
どんなときでも、愛の指し示す方に進みましょう。

善を行う

何が善であり
主が何をお前に求めておられるかは
お前に告げられている。
正義を行い、慈しみを愛し
へりくだって神と共に歩むこと、これである。（ミカ6・8）

謙虚な心で神さまの前に跪《ひざまず》くこと。
愛に突き動かされて、
苦しむ人たちに助けの手を差し伸べること。
それこそが善であり、正義なのです。

2月8日

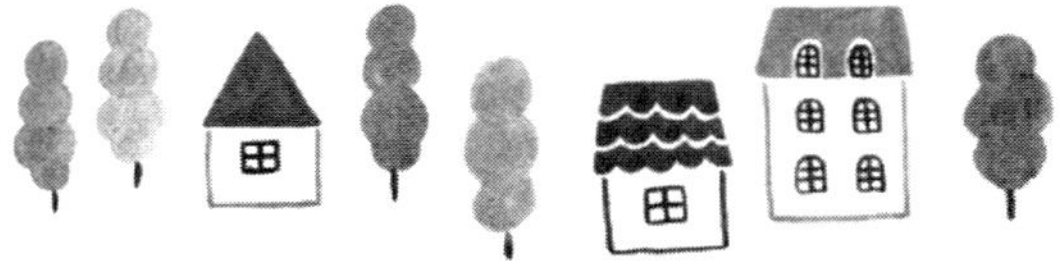

罪びとを招く

医者を必要とするのは、
丈夫な人ではなく病人である。……
わたしが来たのは、
正しい人を招くためではなく、
罪人を招くためである。（マタ9・12－13）

体に耐えがたい痛みを感じるときは、
医者に助けを求めます。
心に耐えがたい痛みを感じたなら、
神さまに助けを願いましょう。

2月9日

しなやかな心

新しいぶどう酒を
古い革袋に入れる者はいない。……
新しいぶどう酒は、
新しい革袋に入れるものだ。（マタ9・17）

人間の苦しみに寄り添うため、
どんどん大きくなってゆく神さまの愛。
思い込みで硬くなった心や
恐れで縮まった心には閉じ込められません。
柔軟で、しなやかな心を準備しましょう。

2月10日

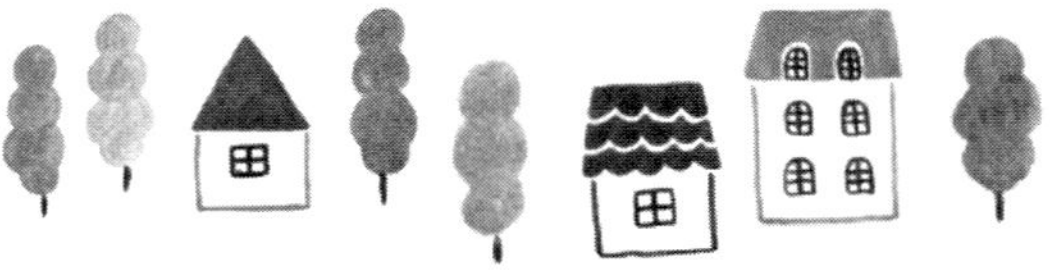

永遠の安息

少女は死んだのではない。眠っているのだ。（マタ9・24）

死とは、神さまのもとでの永遠の安息。
地上の命を終えた人たちは、
天国で、永遠の命を生きるのです。
悲しむ必要はありません。

2月11日

深い憐れみ

（イエスは）群衆が
飼い主のいない羊のように弱り果て、
打ちひしがれているのを見て、
深く憐れまれた。（マタ９・36）

不安や恐れにのみ込まれ、
闇の中に引き込まれてゆくわたしたち。
主なる神さまが見つけ出し、
正しい道に導いてくださいますように。

2月12日

ただで与える

ただで受けたのだから、
ただで与えなさい。（マタ10・8）

わたしたちの命は、両親を通して
神さまが与えてくださったもの。
大地を踏みしめる足、力強い手、
鼓動する心臓、何一つとして
自分で手に入れたものはありません。
惜しみなく使い、
人々に奉仕できますように。

2月13日

賢さと素直さ

わたしはあなたがたを遣わす。
それは、狼の群れに
羊を送り込むようなものだ。
だから、蛇のように賢く、
鳩のように素直になりなさい。（マタ10・16）

蛇のような賢さで悪を見破り、
鳩のような素直さで善を行えますように。
あらゆる困難を乗り越え、
神さまの愛を証《あかし》できますように。

2月14日

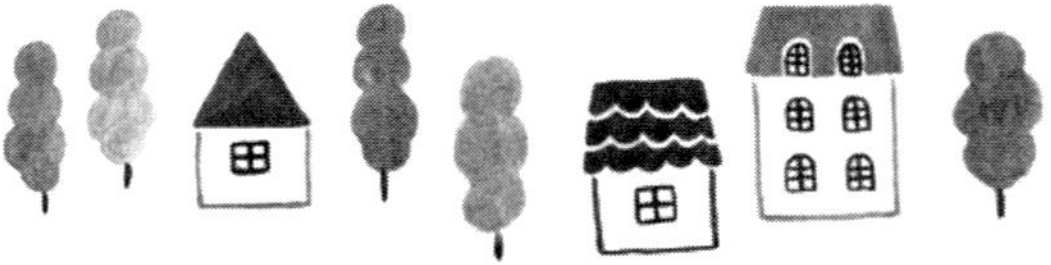

言葉が目覚める

引き渡されたときは、
何をどう言おうかと心配してはならない。
そのときには、
言うべきことは教えられる。（マタ10・19）

厳しい試練に直面するとき、わたしたちの
心の奥深くに眠っている言葉が目を覚まします。
頭で考える必要はありません。
心の底から湧き上がることを話せばいいのです。

2月15日

自分と戦う

わたしが来たのは
地上に平和をもたらすためだ、
と思ってはならない。
平和ではなく、
剣《つるぎ》をもたらすために来たのだ。（マタ10・34）

イエスがもたらす剣は、
自分自身と戦うための剣。
誘惑と戦い、自分自身に打ち勝って、
平和を実現するための剣です。

2月16日

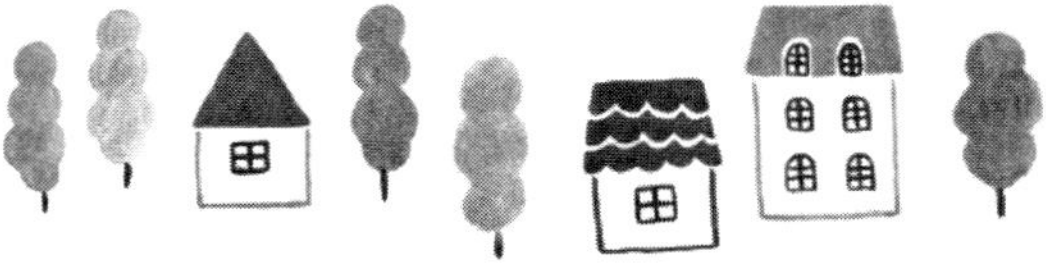

自分を見つける

自分の命を得ようとする者は、
それを失い、
わたしのために命を失う者は、
かえってそれを得るのである。（マタ10・39）

自分のことしか考えていない人は、
かえって自分を見失います。
自分を忘れて神さまや隣人を愛するとき、
わたしたちは本当の自分を見つけるのです。

2月17日

幼子のような心

天地の主である父よ、
あなたをほめたたえます。
これらのことを知恵ある者や賢い者には隠して、
幼子のような者にお示しになりました。（マタ11・25）

自分は優れた人間だから、
愛されて当然という思い込みを捨て、
幼子のような心で神さまに身を委ねなければ、
すべての人に無条件に注がれる
神さまの愛と出会うことはできません。

2月18日

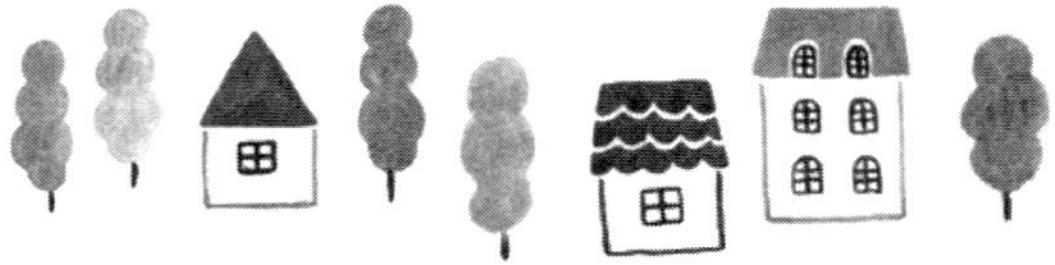

荷物を置く

疲れた者、重荷を負う者は、
だれでもわたしのもとに来なさい。
休ませてあげよう。（マタ11・28）

神さまの前に荷物を置き、
苦しい気持ちを打ち明けましょう。
わたしたちが差し出した苦しさを、
神さまはしっかり受け止め、
共に担ってくださいます。

2月19日

神さまの支え

あなたの重荷を主にゆだねよ
主はあなたを支えてくださる。
主は従う者を支え、とこしえに
動揺しないように計らってくださる。（詩55・23）

押しつぶされてしまう前に、
背負っている重荷を
神さまの手にゆだねましょう。
何もかも、一人で背負う必要はありません。

2月20日

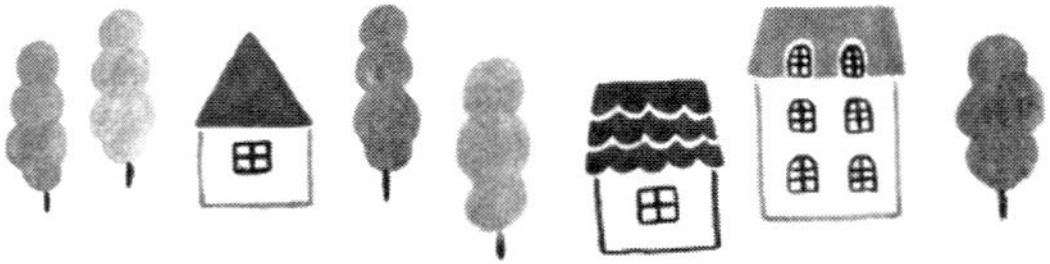

柔和と謙遜

わたしは柔和で謙遜な者だから、
わたしの軛《くびき》を負い、わたしに学びなさい。（マタ11・29）

神さまの前にへりくだり、
自分の弱さを知って、隣人を裁かない。
心の底からあふれ出す愛で、
あらゆる人を包み込む。
それが、神さまの前での柔和と謙遜です。

2月21日

正義の実現

彼は争わず、叫ばず、
その声を聞く者は大通りにはいない。
正義を勝利に導くまで、
彼は傷ついた葦《あし》を折らず、
くすぶる灯心を消さない。（マタ12・19－20）

誰かを踏みつけにして、
正義を実現することはできません。
最も弱い人を、
最も大切にするからこそ正義なのです。

2月22日

一つの家族

だれでも、
わたしの天の父の御心《みこころ》を行う人が、
わたしの兄弟、姉妹、また母である。（マタ12・50）

血のつながりだけが、
家族を作るのではありません。
神さまの愛に満たされて、
互いを受け入れ、ゆるし合うなら、
誰もがイエスの兄弟姉妹、一つの家族なのです。

2月23日

砕かれた心

良い土地に蒔《ま》かれたものとは、
御言葉を聞いて悟る人であり、
あるものは百倍、あるものは六十倍、
あるものは三十倍の実を結ぶのである。（マタ13・23）

愛の種を受け止められるのは、
自分の弱さを知って砕かれた心だけ。
わたしたちの心が、
傲慢でかたくなな大地でなく、
謙虚で柔軟な大地でありますように。

2月24日

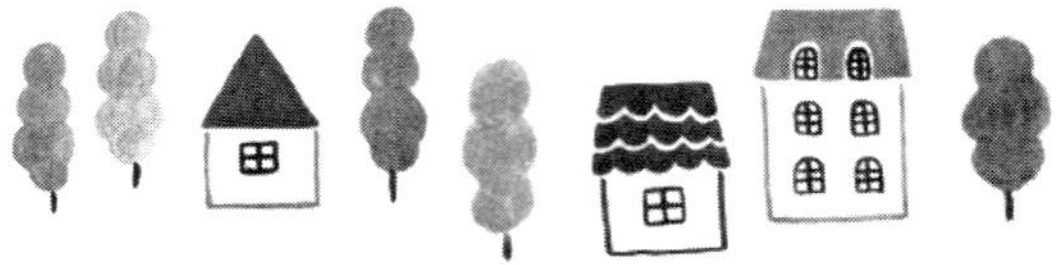

2月25日

裁くのは神さま

毒麦を集めるとき、
麦まで一緒に抜くかもしれない。
刈り入れまで、
両方とも育つままにしておきなさい。（マタ13・29―30）

よい麦と毒麦を、
間違わずに見分けられるのは神さまだけ。
わたしたちが勝手に引き抜こうとすれば、
よい麦まで抜いてしまうかもしれません。
裁きは、神さまの手に委ねましょう。

小さな愛の種

天の国はからし種に似ている。……
どんな種よりも小さいのに、
成長するとどの野菜よりも大きくなり、
空の鳥が来て枝に巣を作るほどの木になる。（マタ13・31－32）

一人でも苦しんでいる人がいる限り、
放っておくことはできません。
心に蒔《ま》かれた愛の種は、
すべての人を包み込むまで、
どこまでも成長し続けるのです。

2月26日

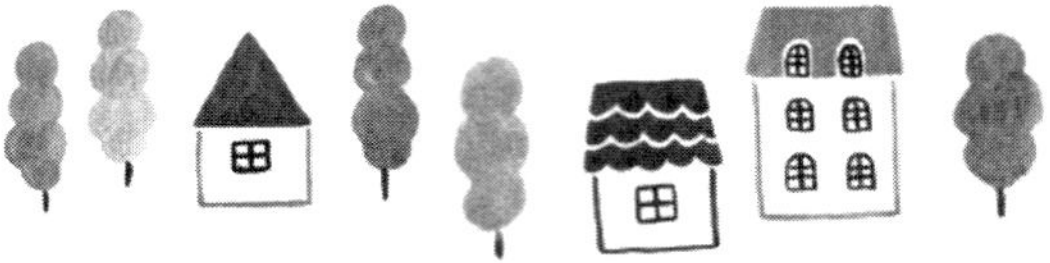

宝を見つける

畑に宝が隠されている。
見つけた人は、そのまま隠しておき、
喜びながら帰り、
持ち物をすっかり売り払って、その畑を買う。
（マタ13・44）

よく見れば、あらゆる被造物の中に、
「神の国」が隠されています。
この世界の本当の価値に、
気づくことができますように。

2月
27日

心の痛み

王は心を痛めたが、誓ったことではあるし、
また客の手前、それを与えるように命じ、
人を遣わして、牢の中でヨハネの首をはねさせた。

（マタ14・9－10）

心が痛むことを、
誘惑に負けて実行すれば、
心に大きな傷を負うでしょう。
神のみ旨のままに生きられますように。

2月28日

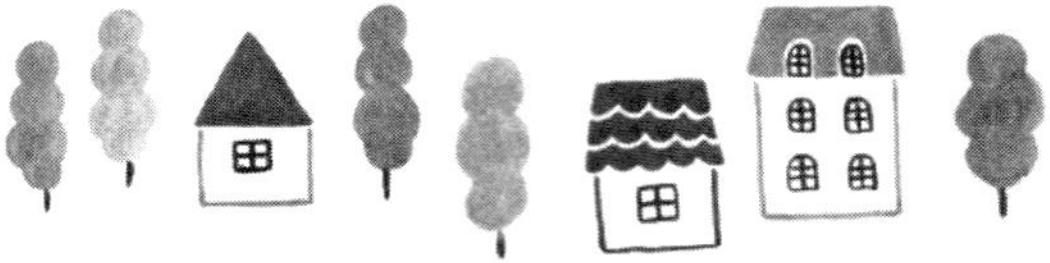

2月29日

誤解を恐れない

わたしは知っている
わたしが辱められることはない、と。
わたしの正しさを認める方は近くいます。（イザ50・7－8）

たとえすべての人に誤解されても、
神さまだけは、わたしたちを
必ず理解してくださいます。
恐れる必要はありません。

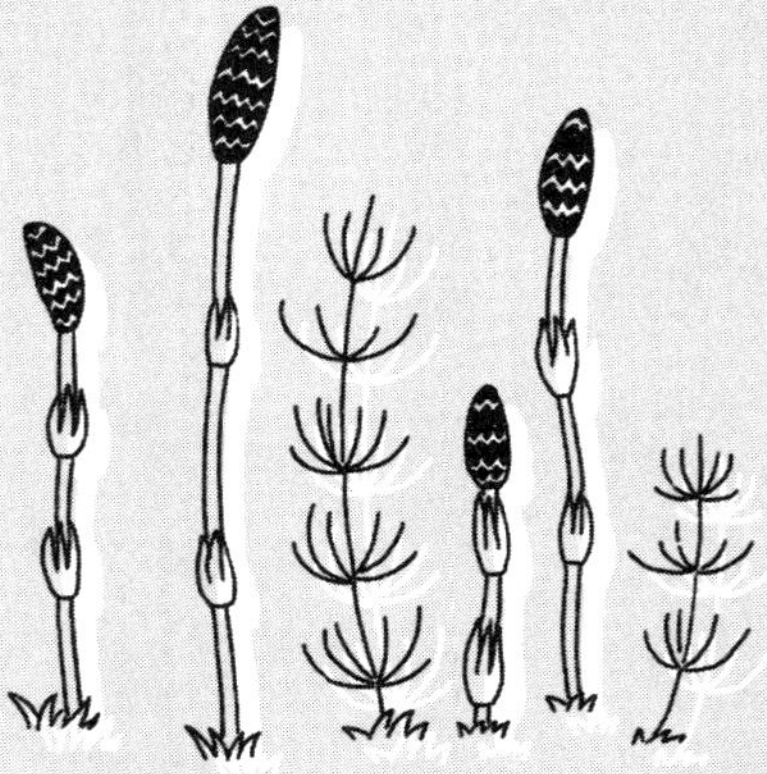

3月

3月1日

隅の親石

家を建てる者の退けた石が
隅の親石となった。
これは主の御業《みわざ》
わたしたちの目には驚くべきこと。（詩118・22－23）

愛こそがすべての土台。
目立たないところで、
愛に自分を献《ささ》げて生きる人たちこそ、
この世界を支える「隅の親石」なのです。

水の上を歩く

ペトロは舟から降りて水の上を歩き、
イエスの方へ進んだ。
しかし、強い風に気がついて怖くなり、
沈みかけたので、
「主よ、助けてください」と叫んだ。（マタ14・29－30）

「自分にこんなことができるだろうか」
と疑えば、たちまち沈み始めます。
ただイエスだけを見つめ、
イエスに向かって進みましょう。

3月2日

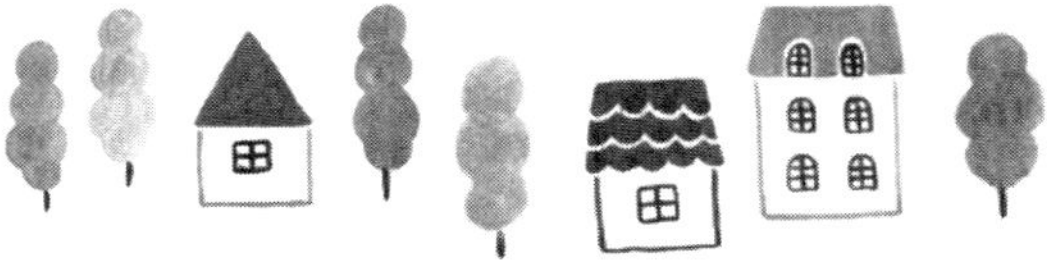

3月3日

揺るがぬ土台

疑う者は、風に吹かれて揺れ動く
海の波に似ています。……
心が定まらず、
生き方全体に安定を欠く人です。（ヤコ1・6、8）

「わたしは愛されている。
わたしの人生には意味がある」。
その確信こそが、人生の揺るがぬ土台。
疑いや不安を取り除き、
土台をしっかり固めましょう。

一番大切なもの

人は、たとえ全世界を手に入れても、
自分の命を失ったら、何の得があろうか。
自分の命を買い戻すのに、
どんな代価を支払えようか。（マタ16・26）

たとえ全世界を手に入れても、
自分自身を見失えば意味がありません。
神さまを敬い、人をいたわる
謙虚な心を持ち続けられますように。

3月4日

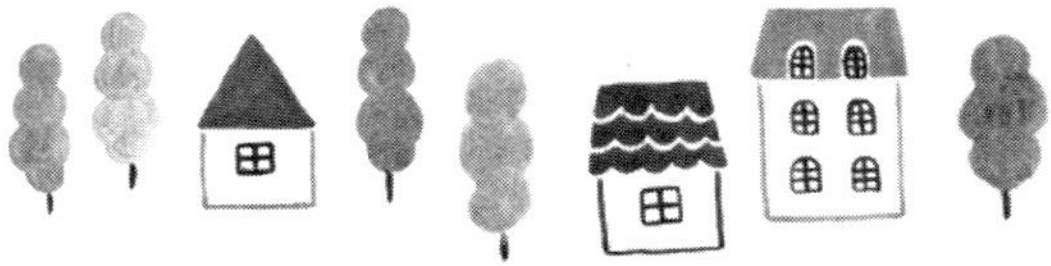

顔の輝き

イエスの姿が
彼ら（弟子たち）の目の前で変わり、
顔は太陽のように輝き、
服は光のように白くなった。（マタ17・2）

すべてを神さまに委ねるとき、
わたしたちの顔は輝き始めます。
顔をくもらせていた、
不安や恐れが取り去られるからです。

3月5日

驚きと共に

湖に行って釣りをしなさい。
最初に釣れた魚を取って口を開けると、
銀貨が一枚見つかるはずだ。（マタ17・27）

神さまからの助けは、
いつも思いがけないところから、
思いがけない形でやって来ます。
神さまからの恵みは、
いつも驚きと共にやって来るのです。

3月6日

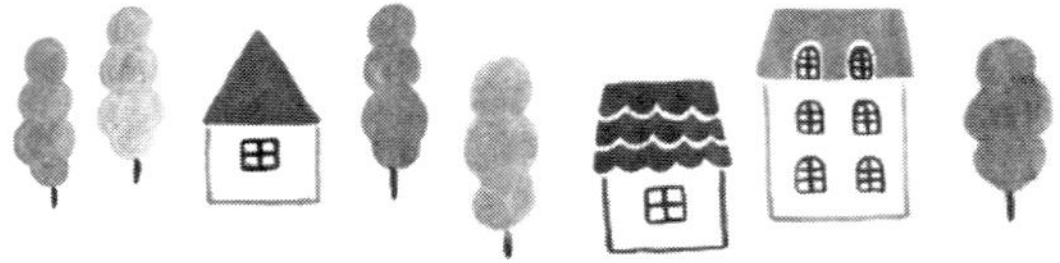

3月7日

子供のように

自分を低くして、
この子供のようになる人が、
天の国でいちばん偉いのだ。（マタ18・4）

「誰がいちばん偉いのですか」
と尋ねる弟子たちに、
イエスはこう答えました。
神さまの愛を信じて疑わず、
人と自分を比べない子供たちこそ、
天の国でいちばん偉いのです。

一匹のために

**ある人が羊を百匹持っていて、
その一匹が迷い出たとすれば、
九十九匹を山に残しておいて、
迷い出た一匹を捜しに行かないだろうか。**（マタ18・12）

迷子になった羊の苦しみを思うと、
いてもたってもいられない。
他のことをすべて置いて、
探しに行かずにいられない。
それが神さまの愛です。

3月8日

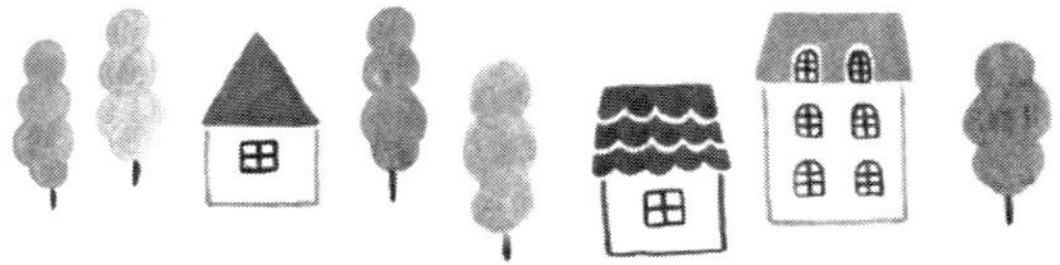

3月9日

共に祈る

二人または三人が
わたしの名によって集まるところには、
わたしもその中にいるのである。（マタ18・20）

父なる神に助けを願い、
心を合わせて祈るとき、
わたしたちと一緒に
イエスも祈ってくださいます。
その祈りは、必ずかなえられるでしょう。

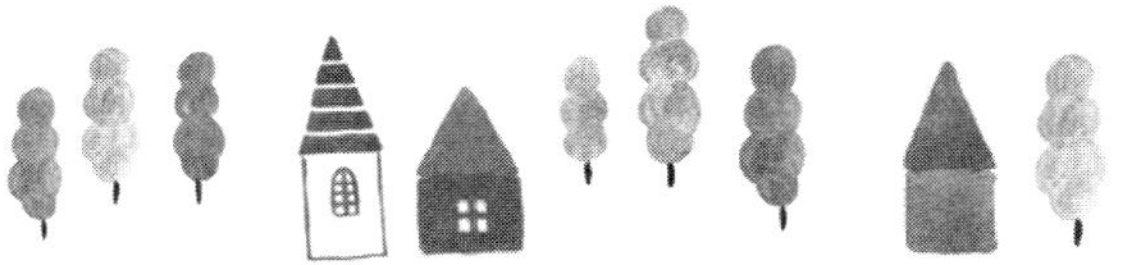

ゆるしあう

わたしがお前を憐れんでやったように、
お前も自分の仲間を
憐れんでやるべきではなかったか。（マタ18・33）

これまで自分がどれだけの間違いを犯し、
ゆるしてもらったかを考えれば、
他の人の間違いを
厳しく責めることはできないでしょう。
弱い人間同士、
互いをいたわることができますように。

3月10日

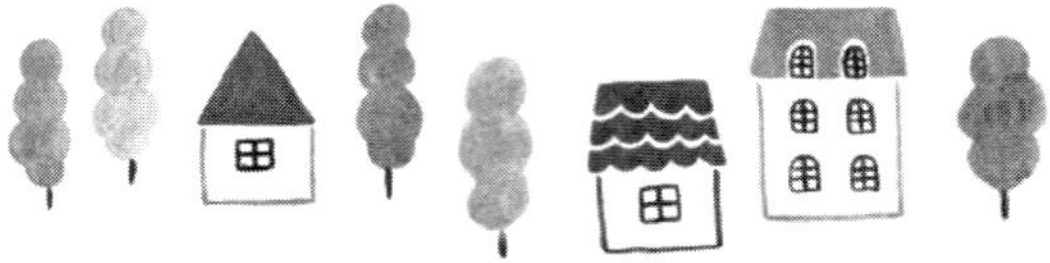

3月11日

天国への道

金持ちが天の国に入るのは難しい。
重ねて言うが、
金持ちが神の国に入るよりも、
らくだが針の穴を通る方がまだ易しい。（マタ19・23－24）

天国に至る道のりには、
持っているものをすべて捨てなければ
通れないほどの難所があります。
神さまにすべてを委ねる勇気を
持つことができますように。

後の者が先に

先にいる多くの者が後になり、
後にいる多くの者が先になる。（マタ19・30）

長く働き、たくさんの成果を上げたから
といって思い上がれば、
天国に入る順番は遅くなります。
天国の門は、謙虚な心で、
神さまに感謝する人に開かれるのです。

3月12日

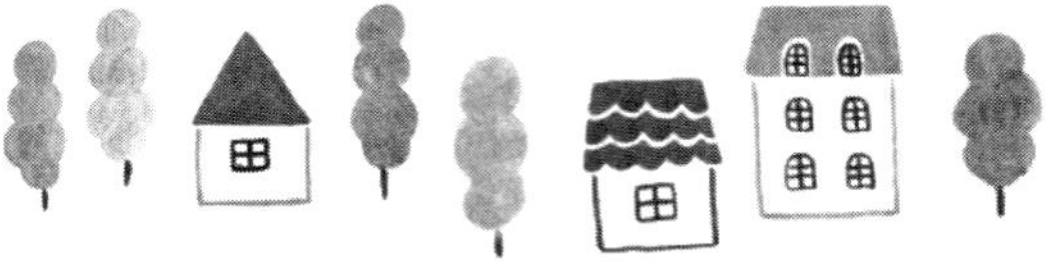

3月13日

寛大な報酬

自分の分を受け取って帰りなさい。
わたしはこの最後の者にも、
あなたと同じように支払ってやりたいのだ。（マタ20・14）

悔い改めるのに、
遅すぎるということはありません。
神さまは、最後の一人にまで、
同じように報いてくださるからです。

新しい創造

見よ、わたしは
新しい天と新しい地を創造する。
初めからのことを思い起こす者はない。（イザ65・17）

神さまはこの世界を、
日々、新しく創造されます。
昨日の苦しみはもう存在しません。
新しい恵みに満たされた今日を、
感謝して生きられますように。

3月14日

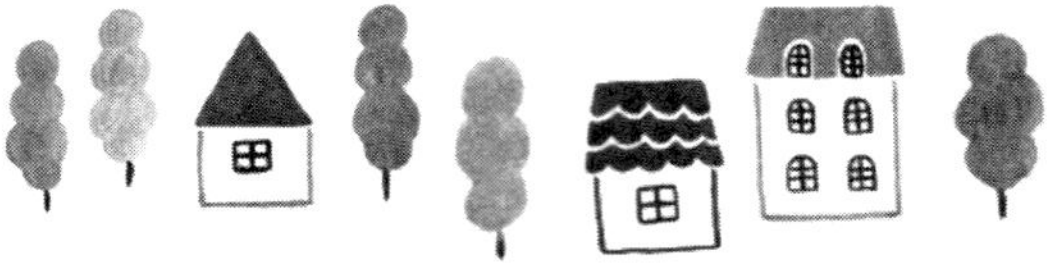

本当の偉大さ

あなたがたの中で偉くなりたい者は、
皆に仕える者になり、
いちばん上になりたい者は、
皆の僕《しもべ》になりなさい。（マタ20・26―27）

自分は偉いと思い込んで威張る人を、
誰も偉いとは思いません。
本当に偉いのは、
どんなに偉くなっても思い上がらず、
誰とでも誠実に向かい合える人です。

3月15日

神のもの

皇帝のものは皇帝に、
神のものは神に返しなさい。（マタ22・21）

皇帝の姿が刻印された銀貨は皇帝のもの。
神さまの似姿として造られ、
神さまの刻印が押されたわたしたちは神さまのもの。
銀貨は皇帝に返し、
わたしたちの心は神さまにお献《ささ》げしましょう。

3月16日

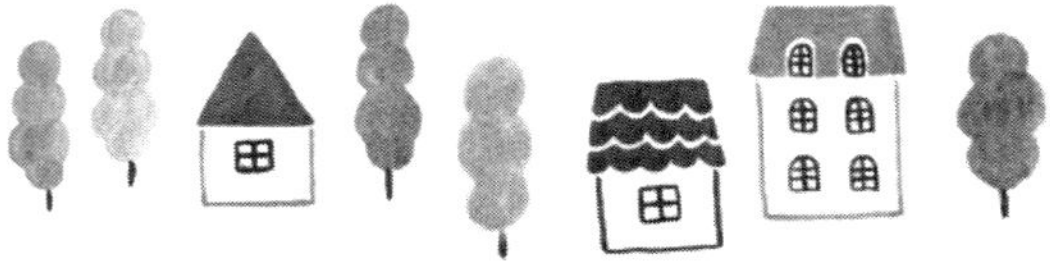

今から始める

ノアが箱舟に入るその日まで、
人々は食べたり飲んだり、
めとったり嫁いだりしていた。
そして、洪水が襲って来て一人残らずさらうまで、
何も気がつかなかった。（マタ24・38－39）

明日、終わりが来るとわかったら、
わたしたちは何をするでしょう。
これだけはしておきたいと思うことがあれば、
今から始めるのがよいでしょう。

3月17日

目を覚ます

目を覚ましていなさい。
いつの日、
自分の主が帰って来られるのか、
あなたがたには分からないからである。
（マタ24・42）

世の終わりがすぐに来なくても、
肉体の死は必ずやって来ます。
死んでイエスの前に出たとき、
まっすぐイエスの目を
見つめることができますように。

3月18日

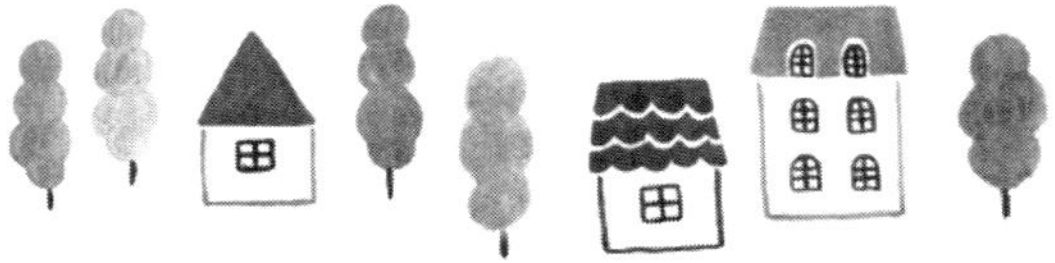

3月19日

門を開く鍵

国を受け継ぎなさい。
お前たちは、わたしが
飢えていたときに食べさせ、
のどが渇いていたときに飲ませ、
病気のときに見舞い、
牢にいたときに訪ねてくれたからだ。（マタ25・34－36）

苦しんでいる人に心を閉ざすとき、
天国への門も閉ざされます。
愛こそが、天国の門を開く唯一の鍵なのです。

イエスを見つける

わたしの兄弟である
この最も小さい者の一人にしたのは、
わたしにしてくれたことなのである。（マタ25・40）

すべての人の心の中に、
イエスが住んでおられます。
誰かが愛に飢えているなら、その人の中で、
イエスも愛に飢えているのです。
どんな人の中にも、
イエスを見つけられますように。

3月
20日

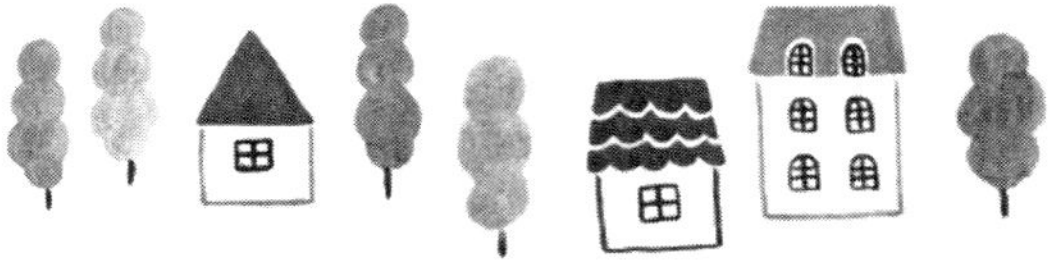

天からの声

あなたはわたしの愛する子、
わたしの心に適う者。（マコ1・11）

天から響いたその声は、
今もわたしたちの心の中に
響き続けています。
わたしたちは誰もが、
神さまから愛された、
神さまの子供なのです。

3月21日

本当の自分

イエスは、
「わたしについて来なさい。
人間をとる漁師にしよう」と言われた。
二人はすぐに網を捨てて従った。（マコ1・17－18）

イエスと出会うとき、
わたしたちの本当の使命が示されます。
イエスと出会うとき、
わたしたちは自分が何者かを知り、
本当の自分になるのです。

3月22日

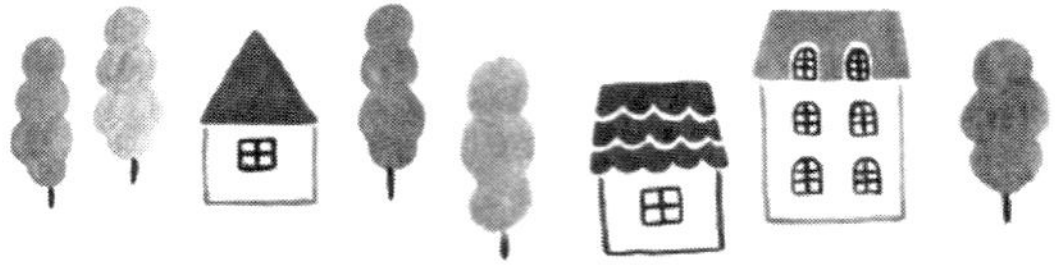

権威ある者

人々はその教えに非常に驚いた。
律法学者のようにではなく、
権威ある者としてお教えになったからである。（マコ1・22）

貧しい人、苦しんでいる人への
愛に突き動かされて語る人の言葉には、
有無を言わせぬほど強い力があります。
イエスの権威は、愛から生まれた権威なのです。

3月23日

使命を生きる

近くのほかの町や村へ行こう。
そこでも、わたしは宣教する。
そのためにわたしは出て来たのである。（マコ1・38）

迷ったときには、
なぜこの道を歩き始めたのかを
思い出してみましょう。
神さまから与えられた使命こそ、
わたしたちの道を照らす光です。

3月24日

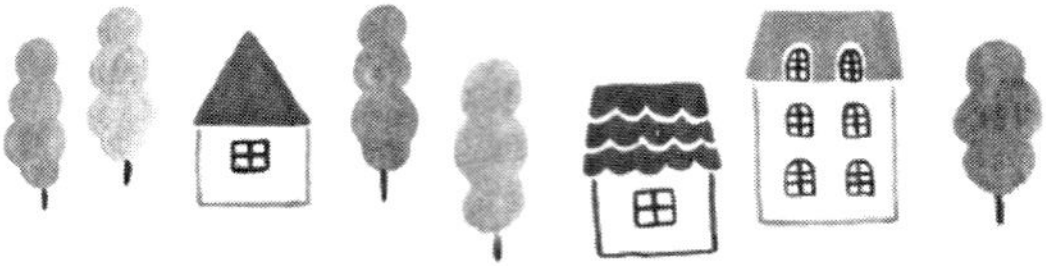

天国の輝き

草は枯れ、花はしぼむが
わたしたちの神の言葉はとこしえに立つ。（イザ40・8）

天国の輝きをつかのま映し出し、
咲き誇っては枯れてゆく花たち。
花が枯れても、
天国の輝きそのものが
消え去ることはありません。

3月25日

謙虚な願い

御心《みこころ》ならば、わたしを
清くすることがおできになります。（マコ1・40）

謙虚な心で神さまの前に跪き、
すべてをみ心に委ねる人を、
神さまが拒むことはありません。
慈しみに信頼し、
ひたすら祈り求めましょう。

3月26日

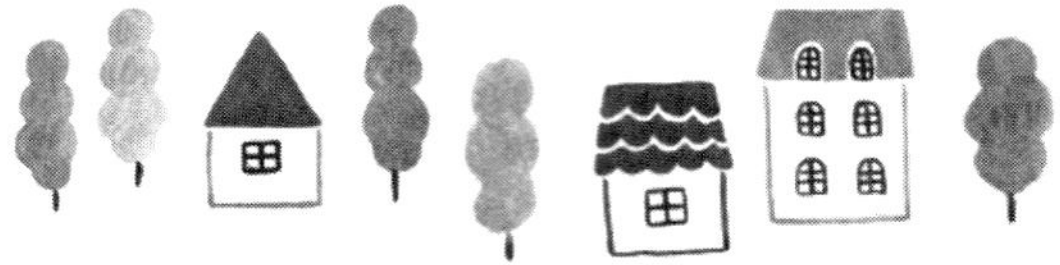

人間の限界

お前はまた、大地の広がりを
隅々まで調べたことがあるか。
そのすべてを知っているなら言ってみよ。
光が住んでいるのはどの方向か。
暗黒の住みかはどこか。（ヨブ38・18－19）

善悪の判断を下せるのは、
すべてをご存知の神さまだけ。
神さまの判断に不満を感じるのは、
わたしたちがまだ何も知らないからです。

3月27日

神さまの思い

天が地を高く超えているように、
わたしの道は、あなたたちの道を
わたしの思いは
あなたたちの思いを、高く超えている。（イザ55・9）

たとえばわたしたちは、
死んだあと、何が起こるのか知りません。
神さまのなさることが不条理に思えるなら、
それは神さまが不完全だからではなく、
わたしたちの知識が不完全だからです。

3月28日

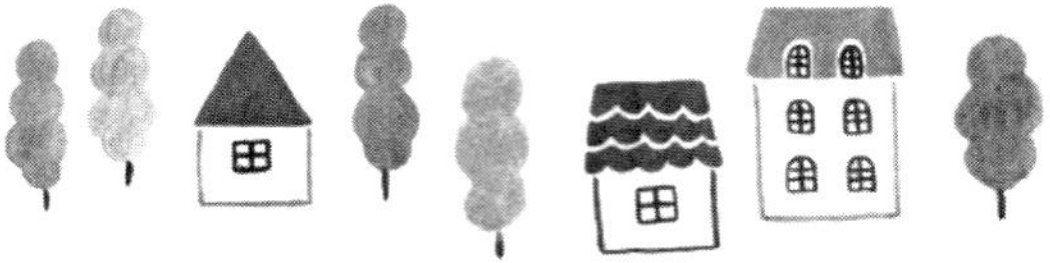

3月29日

神のしもべ

（この人に）見るべき面影はなく
輝かしい風格も、好ましい容姿もない。
彼は軽蔑され、人々に見捨てられ
多くの痛みを負い、病を知っている。（イザ53・2－3）

神のしもべに与えられた使命は、
わたしたちと一緒に苦しむこと。
独りぼっちで苦しむ人が、
誰もいないようにすることです。

苦しみの責任

彼が担ったのはわたしたちの病
彼が負ったのはわたしたちの痛みであったのに
わたしたちは思っていた、神の手にかかり、
打たれたから、彼は苦しんでいるのだ、と。（イザ53・4）

社会のゆがみのしわ寄せは、
弱い立場に置かれた人たちの上に
重くのしかかってゆきます。
苦しみの責任は、ゆがみを生んだ
わたしたちにこそあるのです。

3月30日

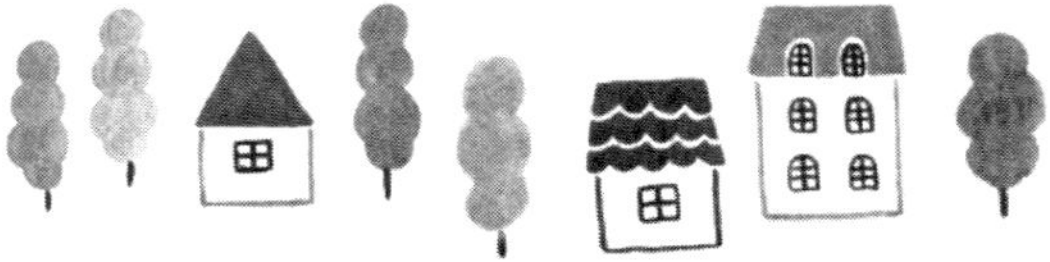

自分の十字架

わたしについて来たい者は、
自分を捨て、日々、自分の十字架を背負って、
わたしに従いなさい。（ルカ9・23）

神さまから与えられた使命こそ、
わたしたちが背負う十字架。
十字架を捨てれば、
苦しみはなくなりますが、
同時に人生の喜びもなくなります。
十字架を背負い、イエスと共にゆきましょう。

3月31日

4
月

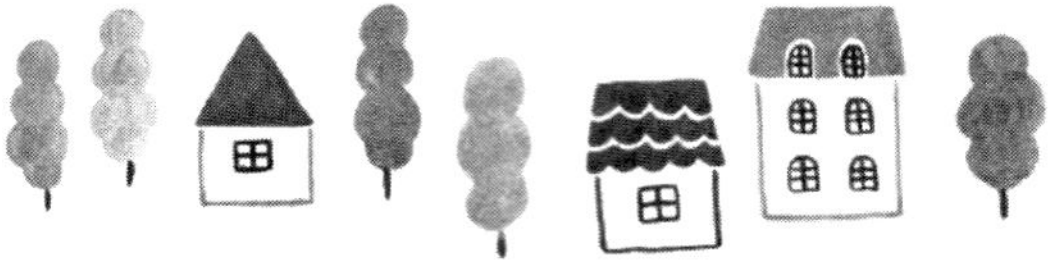

4月1日

心のやましさ

後にイエスを裏切る
イスカリオテのユダが言った。
「なぜ、この香油を三百デナリオンで売って、
貧しい人々に施さなかったのか」。（ヨハ12・4－5）

心にやましさがある人は、
自分を正当化するために、
他人を批判することがあります。
他人を批判する前に、
まず自分自身を省みましょう。

自分をさらけ出す

「わたしの足など、決して洗わないでください」

と（ペトロが）言うと、イエスは、

「もしわたしがあなたを洗わないなら、
あなたはわたしと何のかかわりもないことになる」

と答えられた。（ヨハ13・8）

汚れた足を見せるのを恥ずかしがっていては、
洗ってもらうことができません。
ありのままの自分を、
さらけ出す勇気を持ちましょう。

4月2日

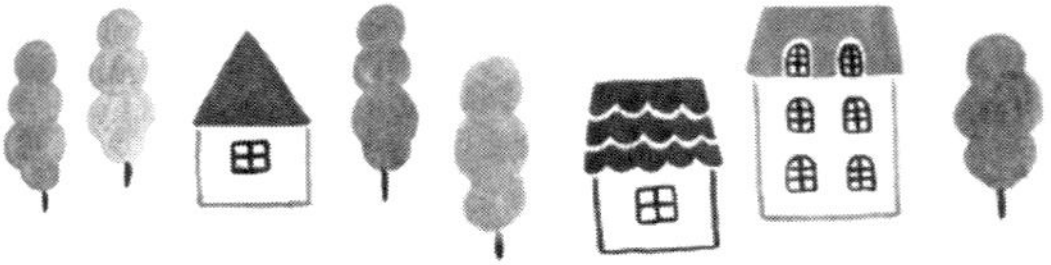

4月3日

弱さを知る方

はっきり言っておく。
鶏が鳴くまでに、あなたは三度
わたしのことを知らないと言うだろう。（ヨハ13・38）

神さまは、わたしたち以上に、
わたしたちの弱さを知っておられる方。
わたしたちの弱さを知りながら、
いつまでも待っていてくださる方です。

信仰さえあれば

わたしはあなたのために、
信仰が無くならないように祈った。
だから、あなたは立ち直ったら、
兄弟たちを力づけてやりなさい。（ルカ22・32）

信仰さえあれば、
必ず立ち直ることができます。
こんなわたしでさえ
神さまはゆるしてくださる。
その信仰を守りましょう。

4月4日

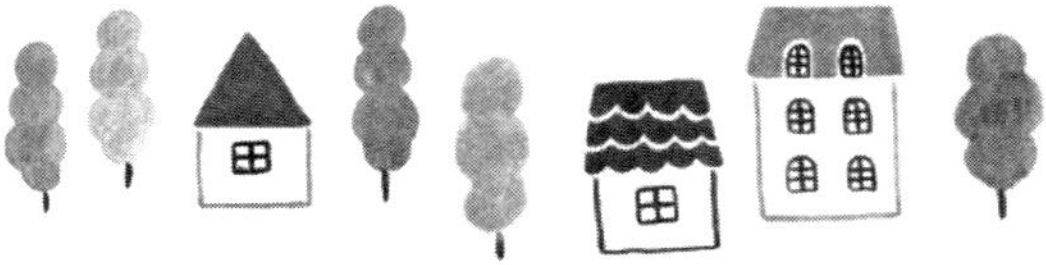

空っぽの心

わたしが去って行くのは、
あなたがたのためになる。
わたしが去って行かなければ、
弁護者はあなたがたのところに
来ないからである。（ヨハ16・7）

すべてを手放し、神さまに委ねるとき、
空っぽになったわたしたちの心を
聖霊が豊かに満たします。
しがみつくのはやめましょう。

4月5日

喜びに変わる

あなたがたは泣いて
悲嘆に暮れるが、世は喜ぶ。
あなたがたは悲しむが、
その悲しみは喜びに変わる。（ヨハ16・20）

愛が深ければ深いほど、
別離の悲しみは深くなります。
別離の悲しみが深ければ深いほど、
再会の喜びは大きくなるでしょう。

4月6日

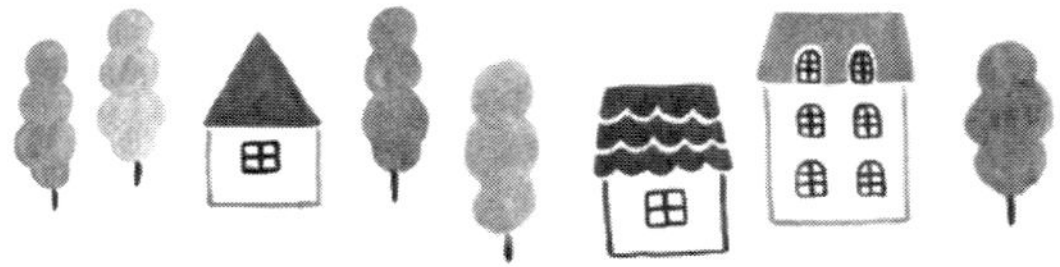

4月7日

一人ではない

あなたがたが散らされて
自分の家に帰ってしまい、
わたしをひとりきりにする時が来る。……
しかし、わたしはひとりではない。（ヨハ16・32）

たとえすべての人から裏切られ、
見捨てられたとしても、
一人ぼっちではありません。
神さまが、いつも
一緒にいてくださるからです。

苦しみの杯

父よ、御心《みこころ》なら、
この杯をわたしから取りのけてください。
しかし、わたしの願いではなく、
御心のままに行ってください。（ルカ22・42）

神さまにすべてを委ねることが
ときに大きな苦しみを生むことを、
イエスはよく知っておられます。
その苦しみも、
イエスは共に担ってくださったのです。

4月8日

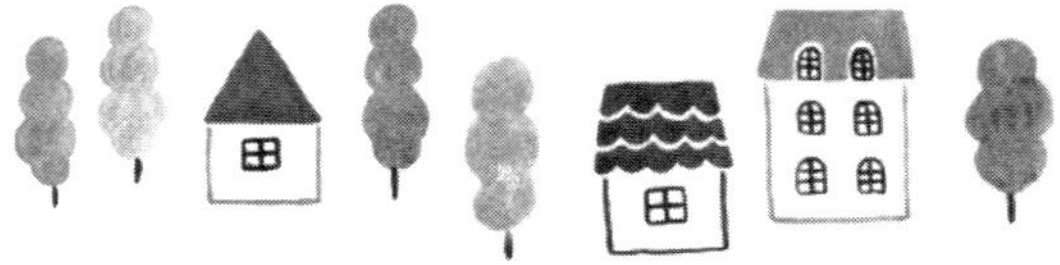

ユダを憐れむ

わたしと一緒に手で鉢に
食べ物を浸した者が、わたしを裏切る。
人の子は、聖書に書いてあるとおりに、
去って行く。だが、
人の子を裏切るその者は不幸だ。（マタ26・23－24）

最初に裏切る者は、
後悔にさいなまれるだけでなく、
「裏切り者」の烙印《らくいん》まで押されます。
イエスは、ユダを深く憐れまれたのです。

4月9日

わたしたちの母

（イエスは）母に、

「婦人よ、御覧なさい。あなたの子です」

と言われた。

それから弟子に言われた。

「見なさい。あなたの母です」。（ヨハ19・26－27）

十字架の傍らに立ち、
最後までイエスを見守り続けた母マリア。
わたしたちが苦しんでいるときにも、
マリアは必ず寄り添っていてくださいます。

4月10日

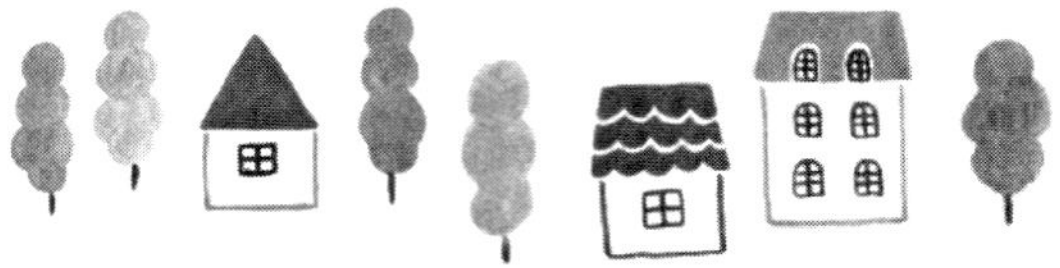

ゆるしあう理由

彼らをお赦しください。
自分が何をしているのか知らないのです。（ルカ23・34）

この言葉に、
ゆるしあうべき理由が要約されています。
わたしたちは結局のところ、
自分自身でさえ自分が
何をしているのか知らないのです。
裁きあって何になるでしょう。

4月11日

苦しむ使命

わが神、わが神、
なぜわたしをお見捨てになったのですか。（マコ15・34）

イエスの使命は、
人間が味わうすべての苦しみを、
同じ人間として共に担うこと。
十字架にかけられ、
神から見捨てられたと感じるほどの
苦しみまで味わったとき、
イエスの使命は完成したのです。

4月12日

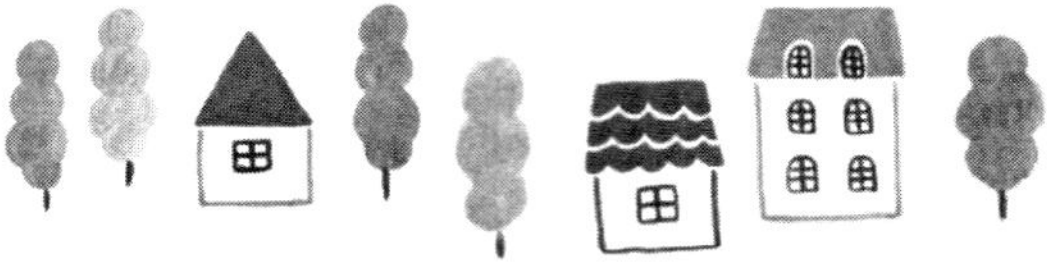

神の子の証《あかし》

（百人隊長は）イエスが
このように息を引き取られたのを見て、
「本当に、この人は神の子だった」と言った。（マコ15・39）

ののしられ、傷つけられても、
最後まで希望を捨てず、
自分に与えられた使命を果たしぬく。
その姿こそ、その人が神の子である証です。

4月13日

ひたすら祈る

キリストは、肉において生きておられたとき、
激しい叫び声をあげ、
涙を流しながら、……祈りと願いとをささげ、
その畏れ敬う態度のゆえに聞き入れられました。（ヘブ5・7）

激しい叫び声を上げ、涙を流し、
それでもひたすら祈り続けたキリスト。
疑うことを知らないその信仰を、
どうかわたしたちにもお与えください。

4月
14日

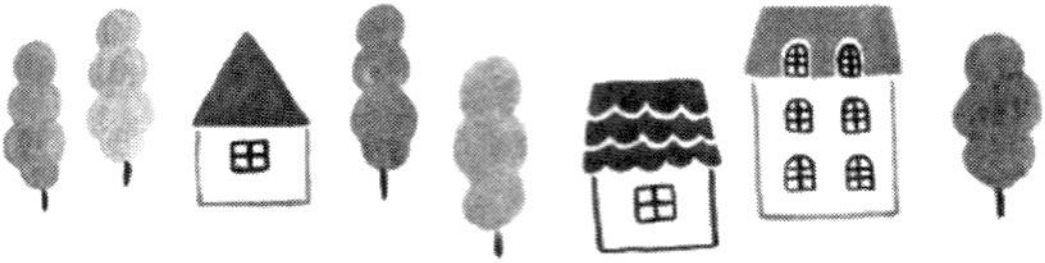

キリストの血

まして……キリストの血は、
わたしたちの良心を死んだ業《わざ》から清めて、
生ける神を礼拝するようにさせないでしょうか。（ヘブ9・14）

友のために命を捨てたイエスの愛が、
わたしたちの心の奥深くに染み込み、
眠っている良心を
目覚めさせてくださいますように。

4月15日

愛の力

週の初めの日、朝早く、まだ暗いうちに、
マグダラのマリアは墓に行った。
そして、墓から石が
取りのけてあるのを見た。（ヨハ20・1）

愛する人を探すためなら、
闇の中を歩くことも、
番兵に会うことも怖くありません。
愛は、すべての恐れを
乗り越えさせる力なのです。

4月16日

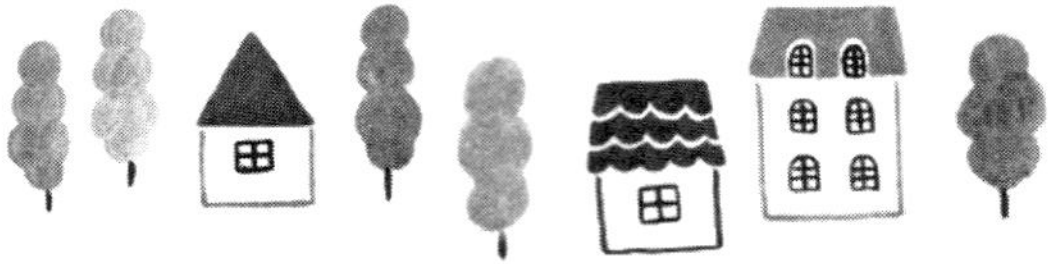

光の中に

イエスは言われた。
「婦人よ、なぜ泣いているのか。
だれを捜しているのか」。（ヨハ20・15）

絶望と悲しみの闇に覆われた墓を
どんなに探しても、
そこにイエスはいません。
イエスは、希望と喜びの光の中で、
わたしたちが振り向くのを待っておられます。

4月17日

隣を歩く方

話し合い論じ合っていると、
イエス御自身が近づいて来て、
一緒に歩き始められた。
しかし、二人の目は遮られていて、
イエスだとは分からなかった。（ルカ24・15－16）

どんなに厳しい試練のときも、
イエスは隣を歩いておられます。
逃げようとするわたしたちにさえ寄り添い、
やさしく励ましてくださるのです。

4月18日

目が開く

イエスはパンを取り、賛美の祈りを唱え、
パンを裂いてお渡しになった。
すると、二人の目が開け、
イエスだと分かったが、
その姿は見えなくなった。（ルカ24・30−31）

共に祈り、パンを分かちあうとき、
わたしたちの心は愛で満たされます。
そのとき、わたしたちは
互いの中にイエスを見るのです。

4月19日

ガリラヤへ

恐れることはない。
行って、わたしの兄弟たちに
ガリラヤへ行くように言いなさい。
そこでわたしに会うことになる。（マタ28・10）

社会の片隅に追いやられて苦しむ人々が、
イエスの帰りを待ちわびるガリラヤ。
イエスはそこにおられます。
わたしたちの身の周りに
ガリラヤを探しましょう。

4月20日

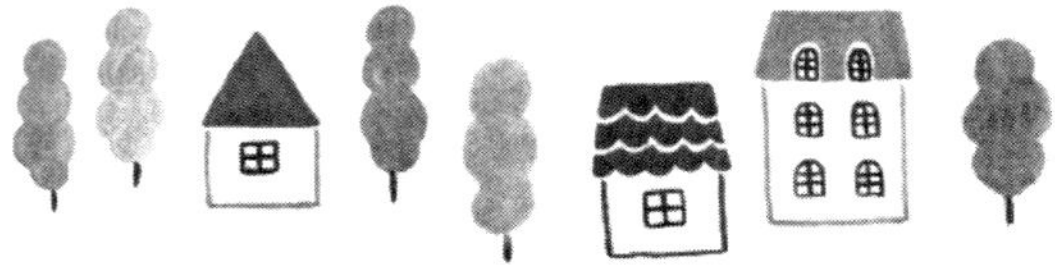

4月21日

決して離れない

わたしは、決してあなたから離れず、
決してあなたを置き去りにはしない。（ヘブ13・5）

どんなときでも、
神さまはわたしたちのそばにおられます。
わたしたちの悲しみに寄り添い、
わたしたちの苦しみを、
大きな愛で包み込んでくださるのです。

愛の証《あかし》

なぜ、うろたえているのか。
どうして心に疑いを起こすのか。
わたしの手や足を見なさい。
まさしくわたしだ。（ルカ24・38－39）

手と足に残る傷の跡こそ、
イエスの愛の何よりの証。
相手が本当にイエスか確めたいなら、
その手と足に傷があるか見ればよいのです。

4月22日

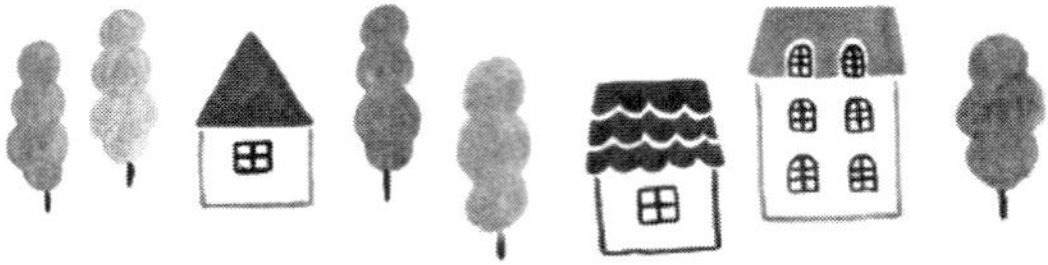

愛を信じる

わたしを見たから信じたのか。
見ないのに信じる人は、幸いである。（ヨハ20・29）

目に見えない愛は、
信じる以外にありません。
目に見えないものを
信じられるかどうかに、
幸せがかかっているのです。

4月23日

弱さの自覚

三度目にイエスは言われた。
「ヨハネの子シモン、
わたしを愛しているか」。（ヨハ21・17）

イエスを三度、「知らない」と言ったペトロに、
イエスは三度、同じ問いを繰り返しました。
やがてリーダーとなるペトロが、
自分の弱さを忘れて
思い上がらないようにするためです。

4月24日

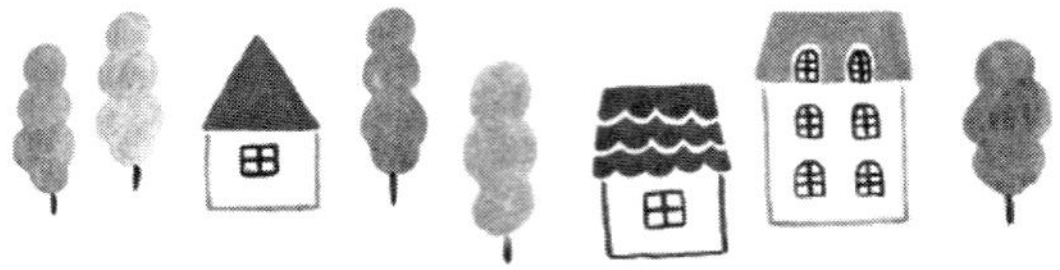

4月25日

愛を守り抜く

主はわたしの助け手。
わたしは恐れない。
人はわたしに何ができるだろう。（ヘブ13・6）

神さまの愛を、
わたしたちから奪える人はいません。
恐れるべきなのは、他人ではなく、
神さまを裏切り、
神さまの愛から離れようとする
わたしたち自身です。

永遠の命

わたしは復活であり、命である。
わたしを信じる者は、死んでも生きる。
生きていてわたしを信じる者はだれも、
決して死ぬことはない。（ヨハ11・25－26）

古い自分の殻を破り、自分自身に死ぬとき、
わたしたちは永遠の命に生まれ変わります。
自分に死に、永遠の命を生きる者にとって
肉体の死は何の意味も持ちません。
わたしたちは、死んでも生きるのです。

4月26日

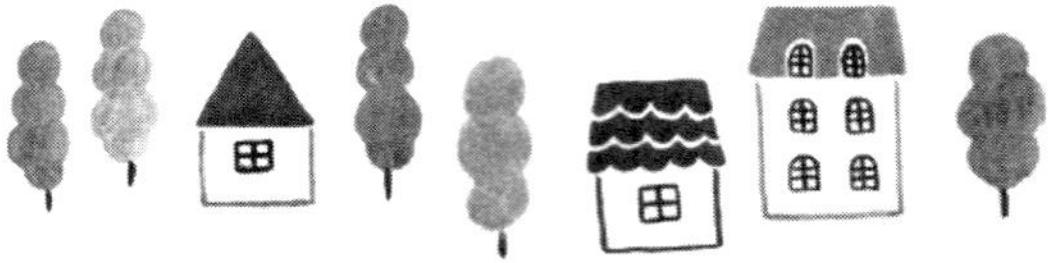

主の昇天

イエスは、そこから彼らを
ベタニアの辺りまで連れて行き、
手を上げて祝福された。
そして、祝福しながら彼らを離れ、
天に上げられた。（ルカ24・50－51）

イエスは、最後のときまで
わたしたちを祝福してくださいました。
その祝福は、いまも雲の間から、
わたしたちの上に降り注いでいます。

4月27日

福音を伝える

全世界に行って、
すべての造られたものに
福音を宣べ伝えなさい。（マコ16・15）

神さまによって造られたものでありながら、
自分には価値がないと
思い込まされている人たちに、
「あなたは神の子。かけがえのない命です」
と知らせること。それが福音宣教です。

4月28日

地の果てまで

主イエスは、弟子たちに話した後、天に上げられ、神の右の座に着かれた。一方、弟子たちは出かけて行って、至るところで宣教した。（マコ16・19－20）

イエスは天の最も高い所まで上げられ、
弟子たちは地の最も遠い所まで
出かけて行きました。
こうして、全世界が神の栄光に包まれたのです。

4月29日

復活の栄光

もし、わたしたちが
キリストと一体になって
その死の姿にあやかるならば、
その復活の姿にもあやかれるでしょう。（ロマ6・5）

神さまから与えられた
使命の十字架を喜んで背負い、
自分を差し出して愛に生きるとき、
わたしたちの人生は
復活の栄光に輝くでしょう。

4月30日

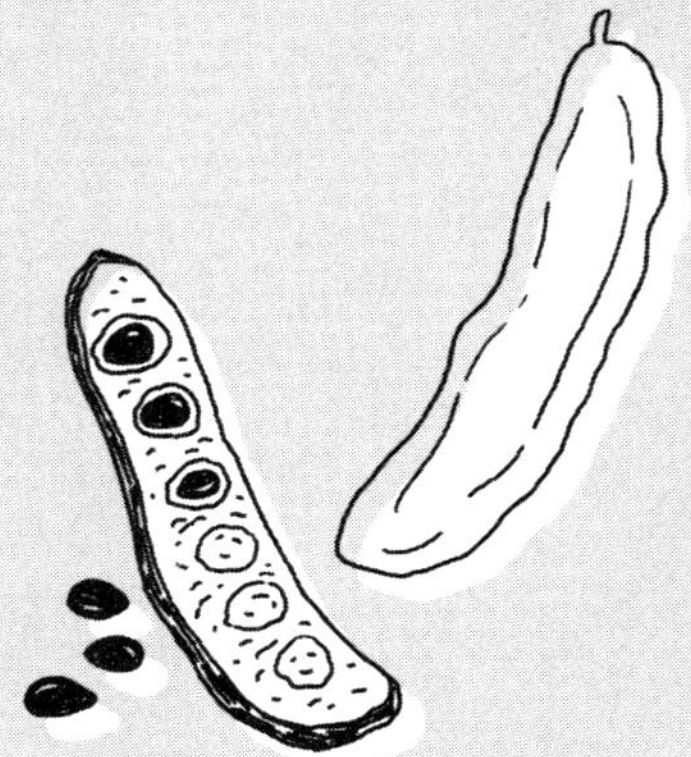

5月

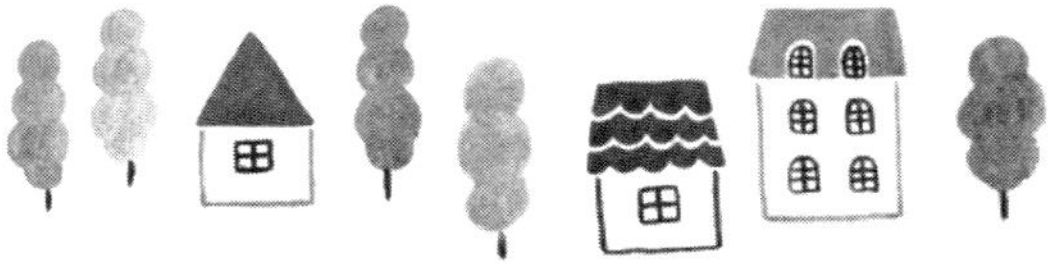

唯一の道

わたしは道であり、
真理であり、命である。
わたしを通らなければ、
だれも父のもとに行くことができない。（ヨハ14・6）

イエスの道は、十字架へと続く道。
自分のすべてを差し出して、
愛を貫くことこそが、
道であり、真理であり、命なのです。

5月1日

天の栄光

（キリストは）人間の姿で現れ、
へりくだって、死に至るまで、
それも十字架の死に至るまで従順でした。
このため、神はキリストを高く上げ、
あらゆる名にまさる名をお与えになりました。（フィリ2・7－9）

最もみじめな
十字架の屈辱にまで下ることで、
キリストは最も高く、
天の栄光まで上げられたのです。

5月2日

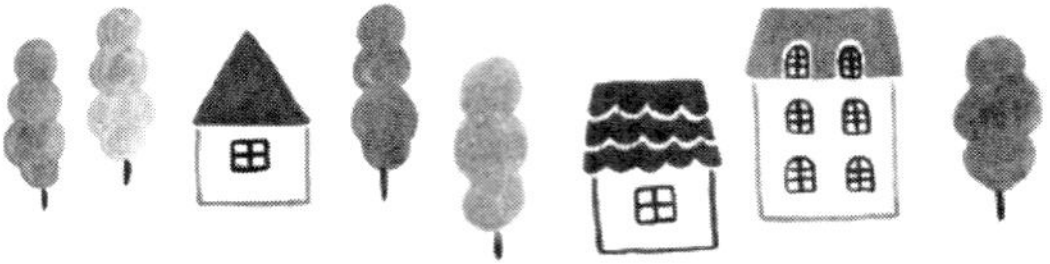

5月3日

愛し合うなら

いまだかつて神を見た者はいません。
わたしたちが互いに愛し合うならば、
神はわたしたちの内にとどまってくださり、
神の愛がわたしたちの内で全うされているのです。

（一ヨハ4・12）

イエスの姿はもう見えませんが、
互いに愛し合うなら、
わたしたちの間にイエスがおられます。
通い合う心のぬくもりの中に、
イエスが生きておられるのです。

主は共に

うろたえてはならない。
おののいてはならない。
あなたがどこに行っても
あなたの神、主は共にいる。（ヨシュ1・9）

すべてを自分の力でしようと思えば、
恐れや不安に陥ります。
「神さま、わたしを使って
あなたの思いを実現してください」と祈れば、
あとのことは神さまがしてくださるでしょう。

5月4日

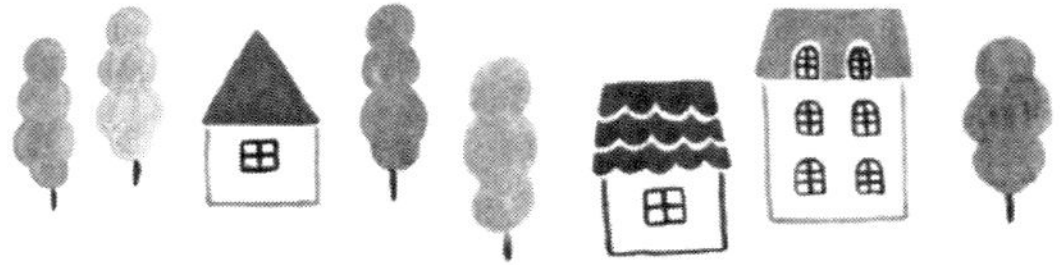

5月5日

祈りから

朝早くまだ暗いうちに、
イエスは起きて、人里離れた所へ出て行き、
そこで祈っておられた。（マコ1・35）

「あれもしなければ、これもしなければ」
と考えて一日を始めれば、
仕事に追われて一日が終わります。
「何をすべきでしょうか」
と神さまに尋《たず》ねて一日を始めれば、
一日を神さまに献《ささ》げることができます。

手のぬくもり

イエスが深く憐れんで、
手を差し伸べてその人に触れ、
「よろしい。清くなれ」と言われると、
たちまち重い皮膚病は去り、
その人は清くなった。（マコ1・41－42）

言葉だけでも治せたはずなのに、
イエスは手を差し伸べて触れました。
この人が手のぬくもりに飢えていると、
よく分かっていたからです。

5月6日

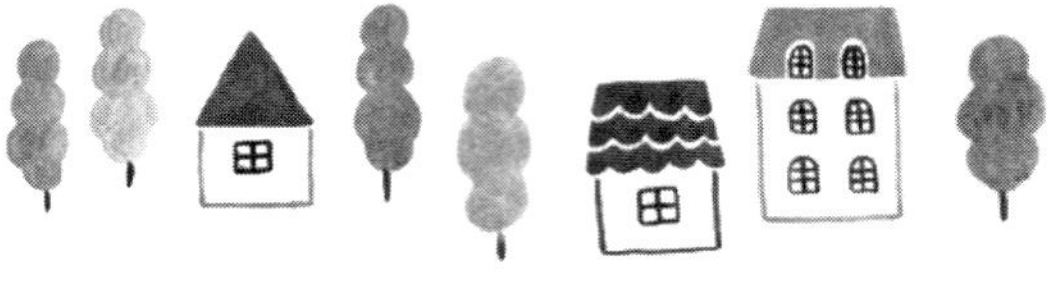

一歩を踏み出す

神に近づきなさい。
そうすれば、
神は近づいてくださいます。（ヤコ4・8）

悔い改め、謙虚な心で
神さまに向かって一歩を踏み出せば、
神さまはわたしたちを見つけ出し、
大急ぎで駆けつけてくださいます。
わたしたちは、
ただ一歩を踏み出せばいいのです。

5月7日

救うための掟《おきて》

安息日に律法で許されているのは、
善を行うことか、悪を行うことか。
命を救うことか、殺すことか。（マコ3・4）

神さまの掟は、
人間を裁くための掟ではなく、
人間を救うための掟。
切り捨てるための掟ではなく、
受け入れるための掟です。

5月8日

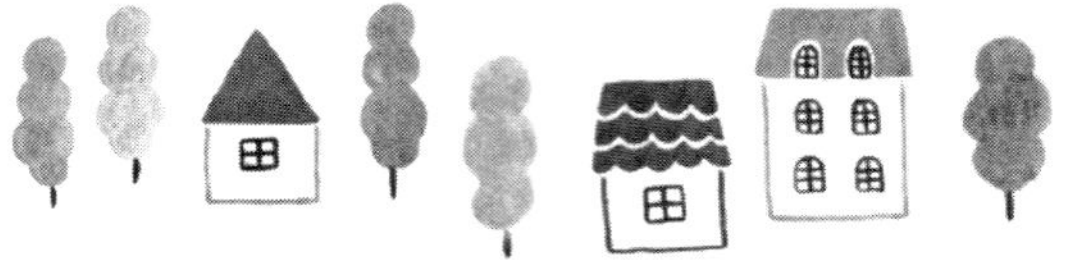

5月9日

悪に立ち向かう力

どうして、
サタンがサタンを追い出せよう。（マコ3・23）

悪の力を借りて、
悪を追い出そうとすれば、
悪の闇にのみ込まれるだけ。
悪を追い出すことができるのは、
「何とかして、
この人を苦しみから救いたい」
と願う愛の力だけです。

汚れを清める

隠れているもので、
あらわにならないものはなく、
秘められたもので、
公にならないものはない。（マコ4・22）

どんなにうまく隠しても、
心の中にあるものは
必ず表に出てきます。
汚れを隠すことでなく、
清めることを考えましょう。

5月10日

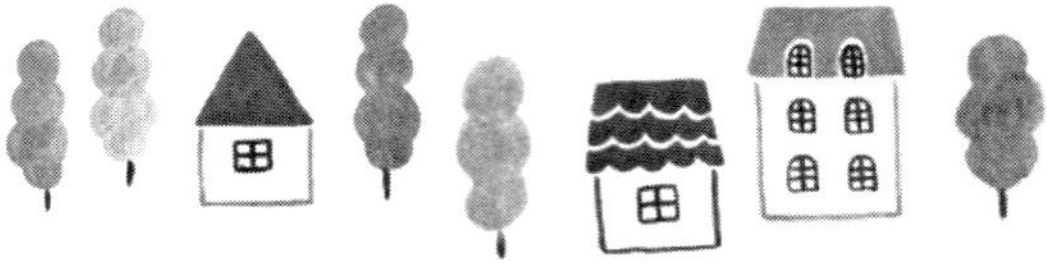

5月11日

愛の種

人が土に種を蒔《ま》いて、
夜昼、寝起きしているうちに、
種は芽を出して成長するが、
どうしてそうなるのか、その人は知らない。（マコ4・26－27）

ちょっと気になるから始まった愛は、
会いたい、一緒にいたい、
一生離れたくないと、
ひとりでに成長してゆきます。
神さまへの愛も同じです。

神さまの手の中

イエスは起き上がって、風を叱り、
湖に、「黙れ。静まれ」と言われた。
すると、風はやみ、すっかり凪《なぎ》になった。（マコ4・39）

いつ止むか分からない嵐の中で、
波に翻弄され続ける小舟のような
わたしたちの人生。
ですが、恐れる必要はありません。
すべては神さまの手の中にあるからです。

5月12日

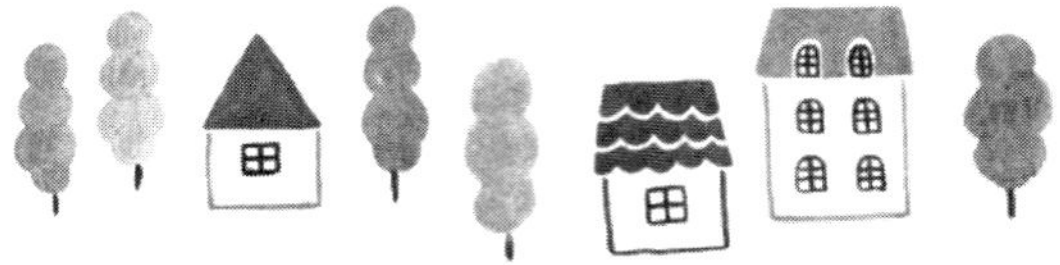

5月13日

まず家族から

自分の家に帰りなさい。
そして身内の人に、主があなたを憐れみ、
あなたにしてくださったことを
ことごとく知らせなさい。（マコ5・19）

神さまの恵みに癒され、
新しい命によみがえったなら、
まずは家族に知らせましょう。
それを一番待ちわびていたのは家族なのです。

思い込みの殻

この人が授かった知恵と、
その手で行われる
このような奇跡はいったい何か。
この人は、大工ではないか。（マコ6・2－3）

イエスの言葉を聞き、奇跡を見ながら、
それでも信じなかった故郷の人々。
思い込みの殻を破り、
目の前にある愛を信じられますように。

5月14日

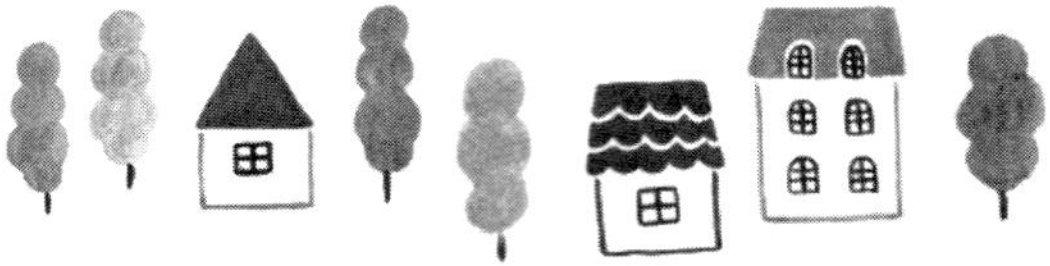

5月15日

真理は死なない

ヘロデはこれ（イエスのこと）を聞いて、
「わたしが首をはねたあのヨハネが、
生き返ったのだ」と言った。（マコ6・16）

真理を生きる人を殺すことはできても、
真理そのものを殺すことはできません。
真理は何度でもよみがえり、
やがて世界を変えるのです。

壁を越えて

この福音のためにわたしは苦しみを受け、
ついに犯罪人のように鎖につながれています。
しかし、神の言葉はつながれていません。（二テモ2・9）

体を鎖でつなぐことはできても、
真理を鎖でつなぐことはできません。
あらゆる壁を乗り越え、
世界の果てまで広がってゆくもの。
それが真理です。

5月16日

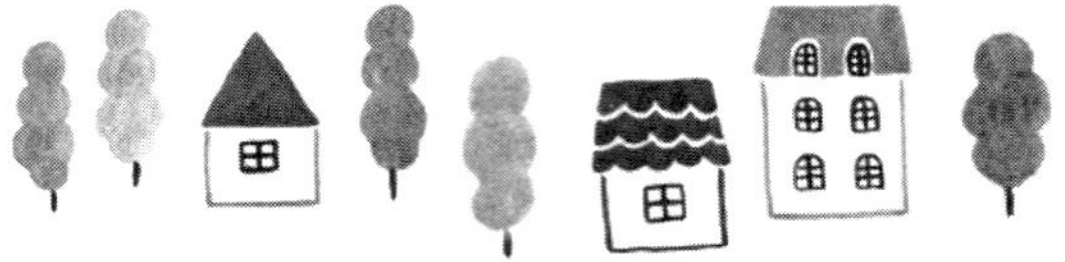

祈りの時間

さあ、あなたがただけで
人里離れた所へ行って、
しばらく休むがよい。（マコ6・31）

愛の奉仕にばかり熱心で、
愛されることを軽んじるなら、
愛は壊れてしまいます。
ゆっくり休んで神さまと向かい合い、
愛をたっぷり受け止めるための時間、
祈りの時間を大切にしましょう。

5月17日

ささやく声

火の後に、静かにささやく声が聞こえた。
それを聞くと、エリヤは外套《がいとう》で顔を覆い、
出て来て、洞穴の入り口に立った。（王上19・12－13）

神さまの声は、静かにささやく声。
不安や恐れにかき乱された心を静め、
心の底から響く神さまの声、
慈しみ深い愛の声に耳を傾けましょう。

5月18日

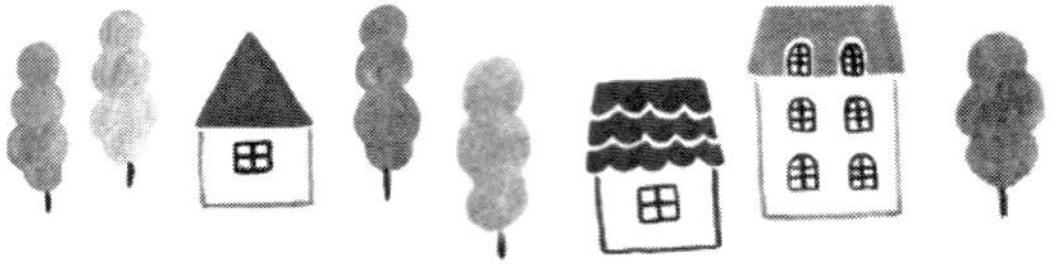

心の中から

外から人の体に入るもので
人を汚《けが》すことができるものは何もなく、
人の中から出て来るものが、
人を汚すのである。（マコ7・15）

悪意の込もった嫌味な言葉も、
心に入れなければただ通り過ぎるだけ。
心に入れるとき、わたしたちの心の中から
怒りや憎しみが湧き出してくるのです。

5月19日

聖霊の風

五旬祭の日が来て、
一同が一つになって集まっていると、突然、
激しい風が吹いて来るような音が天から聞こえ、
彼らが座っていた家中に響いた。（使2・1－2）

聖霊の風は、不安や恐れを吹き飛ばし、
新しい力でわたしたちを満たします。
聖霊の風の中で、わたしたちは、
喜びに燃えて神さまの愛を語る
宣教者に生まれ変わるのです。

5月20日

5月21日

愛の言葉

一同は聖霊に満たされ、
〝霊〟が語らせるままに、
ほかの国々の言葉で話しだした。（使2・4）

聖霊の語らせる言葉は、
言語や文化の壁を越えて
あらゆる人たちの心に響きます。
愛の言葉、真理の言葉だからです。

神さまの口

もし、あなたが軽率に言葉を吐かず
熟慮して語るなら
わたしはあなたを、わたしの口とする。（エレ15・19）

口に出す前に、
「神さまはいま、この人の魂の救いのために、
わたしの口を通して
何を語りたいと望んでおられるのだろうか」
と自分に問いかけましょう。

5月22日

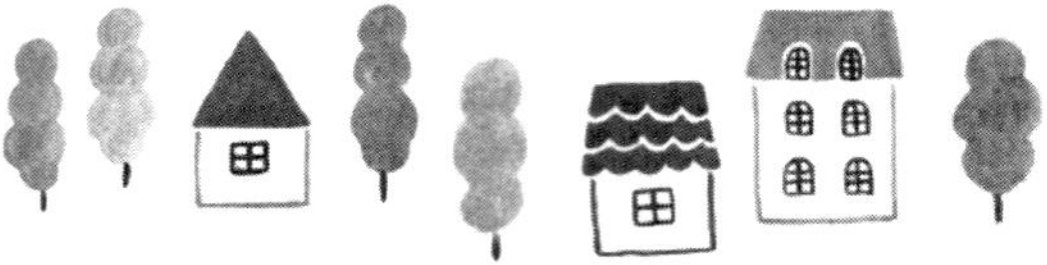

分かちあう使命

（イエスは）七つのパンを取り、
感謝の祈りを唱えてこれを裂き、
人々に配るようにと
弟子たちにお渡しになった。（マコ8・6）

イエスから手渡された恵みは、
人々に配るためのもの。
惜しみなく分かちあえば、
無限に増えてゆくでしょう。

5月23日

愛は平等

あなたがたの現在のゆとりが
彼らの欠乏を補えば、
いつか彼らのゆとりも
あなたがたの欠乏を補うことになり、
こうして釣り合いがとれるのです。（二コリ8・14）

愛しあうことで、
どちらかが損をすることはありません。
愛しあう人たちは、
互いに惜しみなく与えあうからです。

5月24日

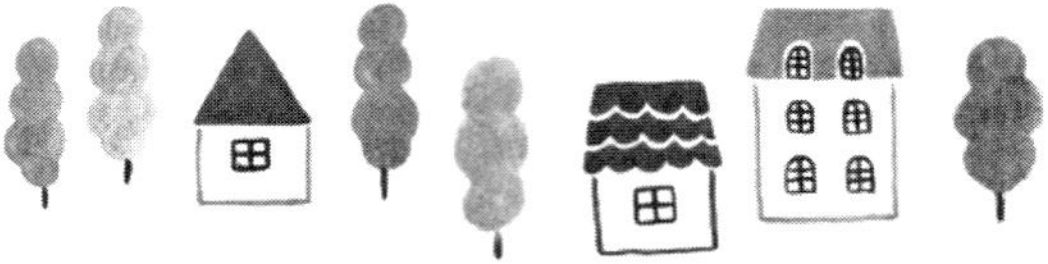

執着のパン種

**ファリサイ派の人々のパン種と
ヘロデのパン種によく気をつけなさい。**（マコ8・15）

執着のパン種が心に入り込むと、
発酵して、失うことへの不安や恐れ、
競争相手への怒りや憎しみなどの
悪臭を放ちます。
神さまから与えられたものを、
喜んで分かち合うことができますように。

5月25日

見えないもの

わたしたちは見えるものではなく、
見えないものに目を注ぎます。
見えるものは過ぎ去りますが、
見えないものは永遠に存続するからです。（二コリ4・18）

目に見えるものがすべて消え去ったとき、
目には見えない神さまの愛が姿を現します。
目先の利害に惑わされず、
見えないものを
大切に守ることができますように。

5月26日

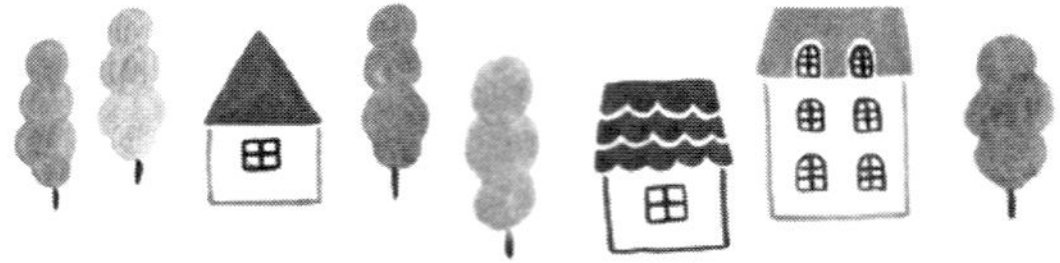

旅路の糧

起きて食べよ。
この旅は長く、
あなたには耐え難いからだ。（王上19・7）

人生の旅を続けるために必要な魂の糧を、
神さまはいつも準備してくださいます。
人々の心に宿ってわたしたちを励まし、
愛の力で支えてくださるのです。

5月27日

少しずつ開く

盲人は見えるようになって、言った。
「人が見えます。木のようですが、
歩いているのが分かります」。（マコ8・24）

イエスは、盲人の目を少しずつ開きました。
初めから強い光を受ければ、
人間の目は耐えきれないからです。
真理を見つめる心の目もそれと同じ。
イエスは、わたしたちの心の目を、
少しずつ開いてくださるのです。

5月28日

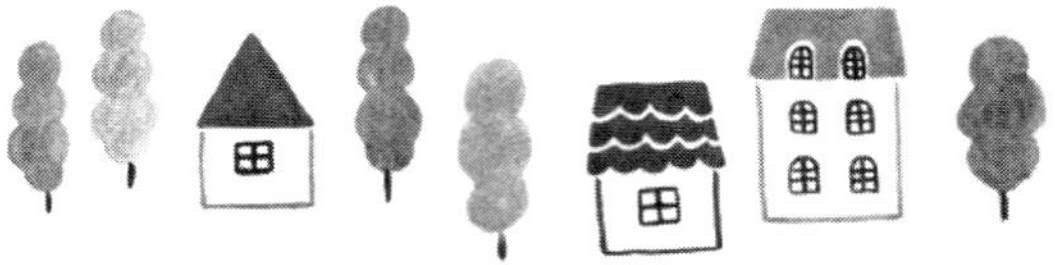

5月29日

キリストの思い

（イエスは）ペトロを叱って言われた。
「サタン、引き下がれ。
あなたは神のことを思わず、
人間のことを思っている」。（マコ8・33）

何かが起こったときに、
まず自分を守ろうとするのが人間の思い。
自分を犠牲にしても、
神のみ旨を実現しようとするのが
キリストの思いです。

子供の中に

わたしの名のために
このような子供の一人を受け入れる者は、
わたしを受け入れるのである。（マコ9・37）

自分のすべてを差し出す覚悟で、
一人の子供を受け入れるとき、
わたしたちの心にキリストが来られます。
何もできない小さな子供が、
キリストを連れて来てくれるのです。

5月30日

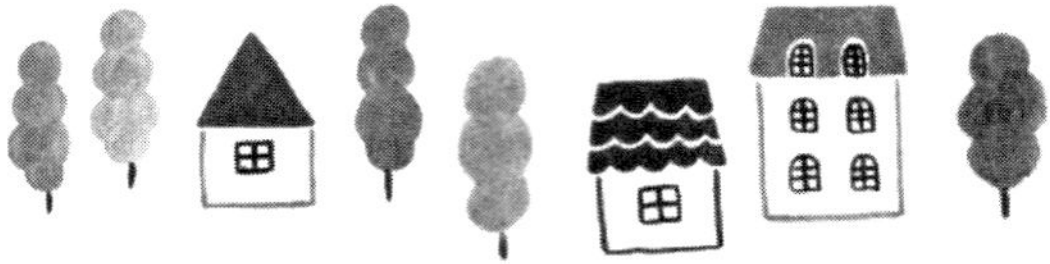

疑いのない心

子供のように
神の国を受け入れる人でなければ、
決してそこに入ることはできない。（マコ10・15）

親の愛に何の疑いも抱かない、
幼い子供のような心で、
神さまの愛を信じられますように。
愛のぬくもりに身を委ねて、
安らかな心で生きられますように。

5月31日

6月

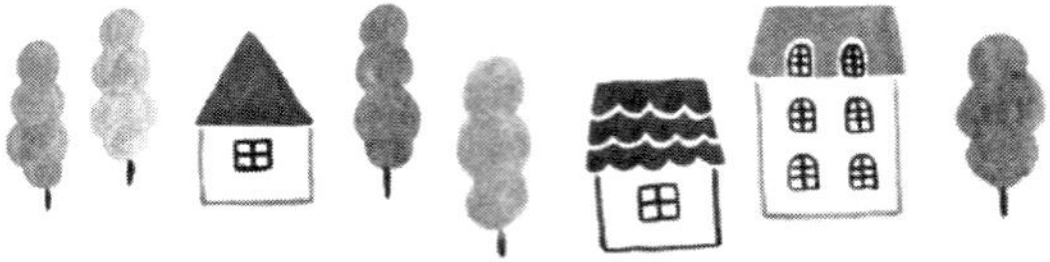

6月1日

心にしみ込む

雨も雪も、ひとたび天から降れば
むなしく天に戻ることはない。……
わたしの口から出るわたしの言葉も
むなしくは、わたしのもとに戻らない。（イザ55・10－11）

頭で理解するだけでなく、
心で感じて受け止めましょう。
言葉が深くしみこんで、
喜びの花を咲かせるように。

種を蒔《ま》く

恵みの業《わざ》をもたらす種を蒔け
愛の実りを刈り入れよ。
新しい土地を耕せ。
主を求める時が来た。（ホセ10・12）

いらだちの代わりに、労《いたわ》りの種を蒔きましょう。
厳しさの代わりに、やさしさの種を蒔きましょう。
傲慢の代わりに、謙遜の種を蒔きましょう。
恵みの種を蒔くならば、必ず愛が実ります。

6月2日

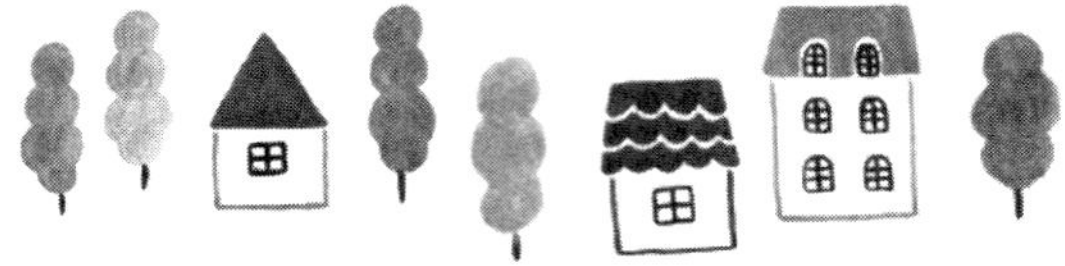

6月3日

神さまの選び

天地創造の初めから、
神は人を男と女とにお造りになった。
それゆえ、人は父母を離れてその妻と結ばれ、
二人は一体となる。（マコ10・6－8）

二人を結んだのは、
わたしたちではなく神さま。
結ばれた相手は、
わたしたちが選んだのではなく、
神さまが出会わせてくださった相手なのです。

愛の完成

**あなたに欠けているものが一つある。
行って持っている物を売り払い、
貧しい人々に施しなさい。**（マコ10・21）

家族や友だちを愛しても、
それだけではまだ不完全。
愛は、苦しんでいるすべての人たちに
注がれたとき完成するのです。

6月4日

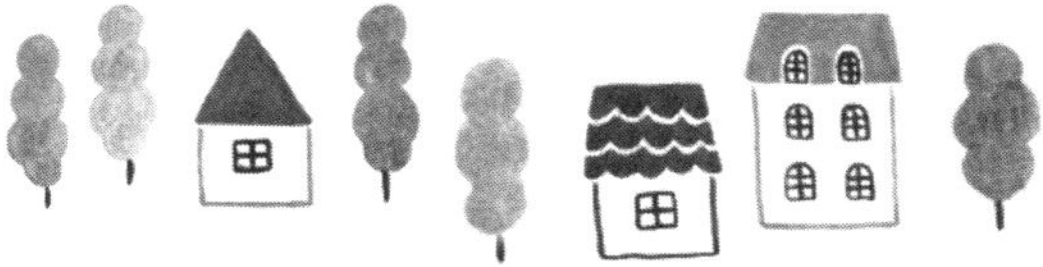

6月5日

善と悪

悪を行うことをやめ
善を行うことを学び
裁きをどこまでも実行して、搾取する者を懲らし、
孤児の権利を守り、やもめの訴えを弁護せよ。（イザ1・16－17）

愛の掟《おきて》に背き、自分のことしか考えず、
平気で他人を踏みにじるのが悪。
愛の掟を実践し、
苦しんでいる人々に
惜しまず助けの手を差し伸べるのが善です。

愛の掟《おきて》

わたしの律法を彼らの胸の中に授け、
彼らの心にそれを記す。
わたしは彼らの神となり、
彼らはわたしの民となる。（エレ31・33）

苦しんでいる人を見れば心が痛み、
放っておくことができない。
それは、わたしたちの心に
愛の掟が刻み込まれているからです。

6月6日

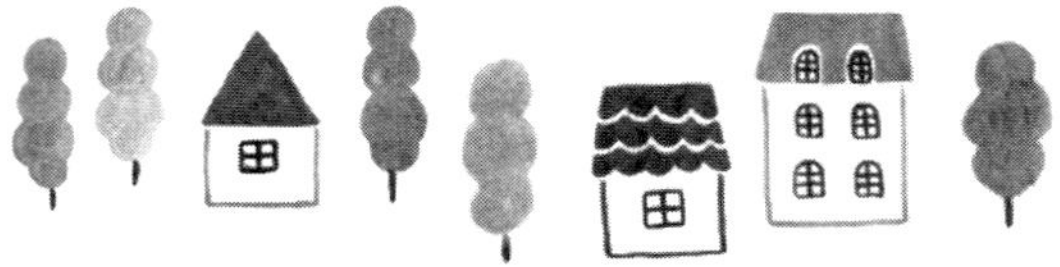

6月7日

心を開くだけで

祈り求めるものは
すべて既に得られたと信じなさい。
そうすれば、そのとおりになる。（マコ11・24）

神さまは、もうずっと前から
わたしたちのことを愛しておられます。
神さまの愛を受け取るには、
ただ、信じて心を開けばいいのです。

思いを受け止める

イエスは賽銭箱《さいせんばこ》の向かいに座って、
群衆がそれに金を入れる様子を見ておられた。（マコ12・41）

イエスが見ておられるのは、
投げ入れられる金額ではなく、
賽銭に込められた愛の大きさ。
身を切るような思いで賽銭を投げ、
神さまに助けを願うわたしたちの思いを、
イエスはしっかり、
受け止めてくださるのです。

6月8日

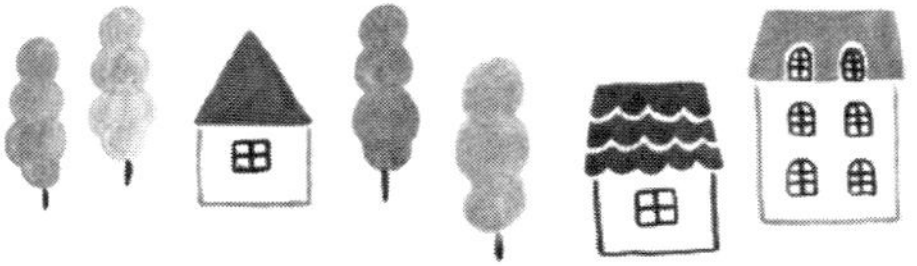

幸いな人

主がおっしゃったことは
必ず実現すると信じた方は、
なんと幸いでしょう。（ルカ1・45）

神さまは、決してわたしをお見捨てにならない。
そう信じて困難を乗り越えようとする人に、
神さまは必ず道を開いてくださいます。
信じる人こそ幸いな人です。

6月9日

神さまを誇る

今から後、いつの世の人も
わたしを幸いな者と言うでしょう、
力ある方が、
わたしに偉大なことをなさいましたから。（ルカ1・48－49）

恵みで満たされれば満たされるほど、
神さまの偉大さを思って
謙虚になることができますように。
自分を誇るのではなく、
神さまを誇ることができますように。

6月10日

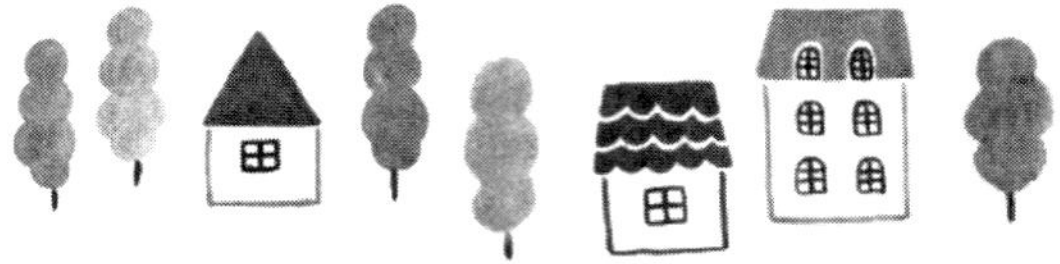

神さまのやり方

（主は）思い上がる者を打ち散らし、
権力ある者をその座から降ろし、
身分の低い者を高く上げ、
飢えた人を良い物で満たし、
富める者を空腹のまま追い返されます。
（ルカ1・51－53）

高ぶる人は低くされ、
へりくだる人は高められるでしょう。
謙虚な心で奉仕する人が、
天国に一番近いのです。

6月11日

子供を献《ささ》げる

モーセの律法に定められた
彼らの清めの期間が過ぎたとき、
両親はその子を主に献げるため、
エルサレムに連れて行った。（ルカ2・22）

神さまに献げられた子供は、
神さまからの預かりもの。
自分の思い通りにではなく、
神のみ旨のままに
育てることができますように。

6月12日

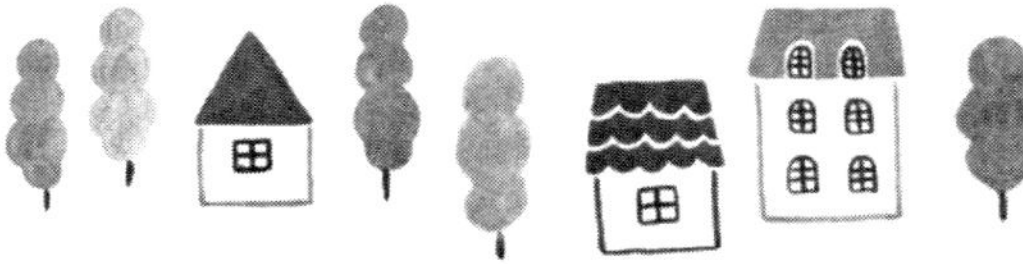

試練に打ち勝つ

イエスは聖霊に満ちて、
ヨルダン川からお帰りになった。
そして、荒れ野の中を
〝霊〟によって引き回され、
四十日間、悪魔から誘惑を受けられた。（ルカ4・1－2）

神さまの教えを力強く語れるのは、
試練の中でその正しさを、
骨身にしみて味わった人だけ。
信仰は、試練の中でこそ磨かれるのです。

6月13日

愛に生かされる

人はパンだけで生きるのではなく、
人は主の口から出る
すべての言葉によって生きる。（申8・3）

お腹が食べ物で満たされても、
心が愛で満たされないなら、
人間は幸せに生きられません。
神さまの言葉からあふれ出す、
愛で心を満たしましょう。

6月14日

6月15日

困難を越えて

会堂内の人々は皆憤慨し……
（イエスを）町が建っている山の崖まで連れて行き、
突き落とそうとした。しかし、
イエスは人々の間を通り抜けて立ち去られた。（ルカ4・28－30）

激しい悪意の中を、難なく通り抜けたイエスさま。
どんな悪意も、愛によって支えられた心を
挫けさせることはできません。
愛は、すべての困難を乗り越えてゆく力なのです。

謙虚な心で

知識は人を高ぶらせるが、
愛は造り上げる。
自分は何か知っている
と思う人がいたら、その人は、
知らねばならぬことをまだ知らないのです。
（一コリ8・1－2）

何かを学べば学ぶほど、
分からないことが増えてゆきます。
神さまが造られたこの世界を、
知り尽くすことなどできないのです。

6月16日

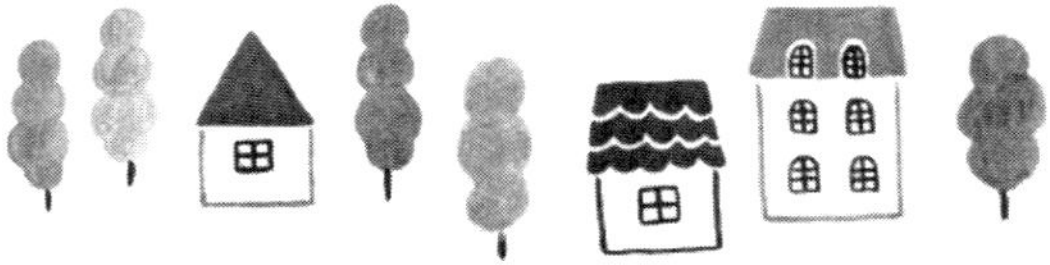

知っていながら

ペトロは、イエスの足もとにひれ伏して、
「主よ、わたしから離れてください。
わたしは罪深い者なのです」と言った。（ルカ5・8）

わたしたちが罪深い者であることなど、
イエスは初めからご存知です。
知っていながら、
罪深いわたしたちを選ばれたのです。
恐れずに、イエスについてゆきましょう。

6月17日

悪から離れる

悪人であっても、
もし犯したすべての過ちから離れて、
わたしの掟《おきて》をことごとく守り、
正義と恵みの業《わざ》を行うなら、
必ず生きる。死ぬことはない。（エゼ18・21）

間違いを犯したからといって、
あきらめる必要はありません。
大切なのは、二度と同じ間違いを犯さないと、
固く決心することです。

6月18日

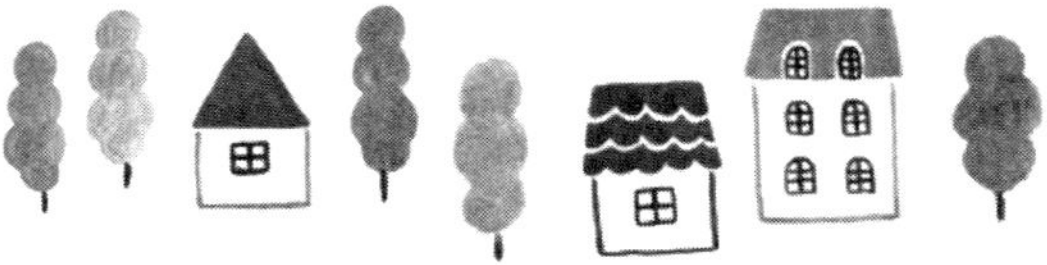

6月19日

十二人を選ぶ

イエスは祈るために山に行き、
神に祈って夜を明かされた。
朝になると弟子たちを呼び集め、
その中から十二人を選んで使徒と名付けられた。（ルカ6・12－13）

神さまは、性格や考え方のまったく違う
十二人を選ばれました。
さまざまな違いを乗り越え、
互いを受け入れあうことによって
愛を証《あかし》するためです。

ゆるし合う

赦しなさい。そうすれば、
あなたがたも赦される。
与えなさい。そうすれば、
あなたがたにも与えられる。（ルカ6・37－38）

誰かを厳しく裁きたくなったら、
「もし他の人が、
自分を同じ基準で裁いたらどうなるか」
と想像してみましょう。
ゆるし合うことができますように。

6月20日

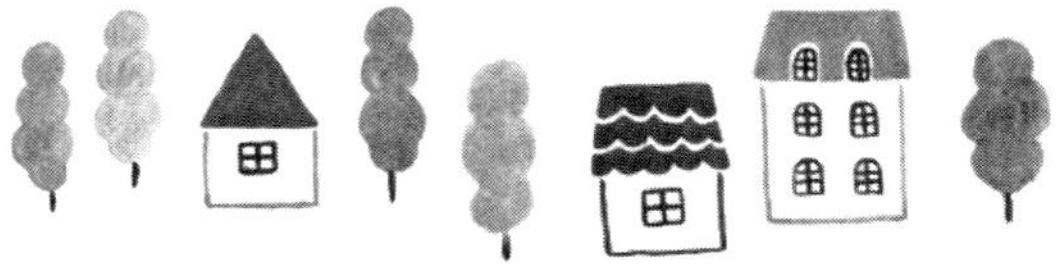

6月21日

善で立ち向かう

できれば、せめてあなたがたは、すべての人と平和に暮らしなさい。愛する人たち、自分で復讐せず、神の怒りに任せなさい。（ロマ12・18－19）

悪に対して悪で立ち向かうなら、
わたしたちも裁きを受けるでしょう。
悪に対して善で立ち向かうなら、
それ自体が相手への裁きとなります。

愛さずにいられない

この人が多くの罪を赦されたことは、
わたしに示した愛の大きさで分かる。
赦されることの少ない者は、
愛することも少ない。（ルカ7・47）

無条件のゆるしとは、
欠点だらけの自分がそのまま受け入れられる、
無条件の愛の体験。
ゆるされた人は、ゆるしてくれた人を
愛さずにはいられません。

6月22日

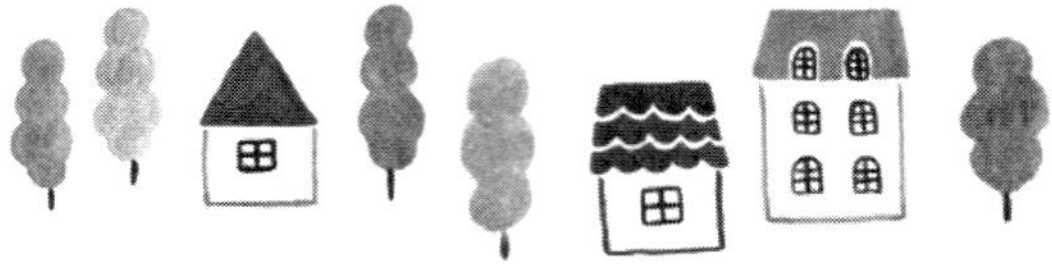

6月23日

支えた人々

イエスは神の国を宣べ伝え、
その福音を告げ知らせながら、
町や村を巡って旅を続けられた。
十二人も一緒だった。……
多くの婦人たちも一緒であった。（ルカ8・1、3）

婦人たちの支えがなければ、
宣教の旅は続けられなかったでしょう。
陰で支えた人々の存在を、
忘れないようにしましょう。

必要なもの

旅には何も持って行ってはならない。
杖も袋もパンも金も持ってはならない。
下着も二枚は持ってはならない。（ルカ9・3）

宣教の旅に必要なのは、
目には見えない神さまの愛と、
人々の心に宿った神さまの愛への信頼だけ。
人生の旅でも、それはきっと同じです。

6月24日

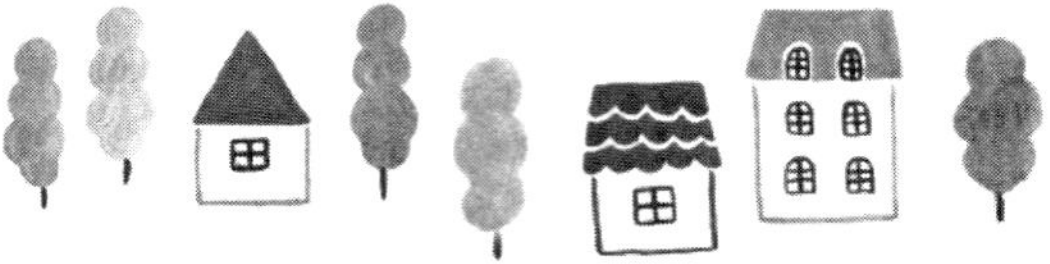

6月25日

聖霊の恵み

神は、おくびょうの霊ではなく、
力と愛と思慮分別の霊を
わたしたちにくださったのです。（二テモ1・7）

神さまの愛で満たされるとき、
わたしたちの心に、
困難を乗り越える力、隣人をいたわる愛、
状況を冷静に判断する落ち着きが生まれます。
それこそが、聖霊の恵みなのです。

働き手を願う

収穫は多いが、働き手が少ない。
だから、収穫のために
働き手を送ってくださるように、
収穫の主に願いなさい。（ルカ10・2）

これはイエスが、弟子たちを
宣教の旅に派遣するとき語った言葉。
収穫のために汗水たらして働きながら、
共に収穫する仲間を願うなら、
その願いは聞き入れられるでしょう。

6月26日

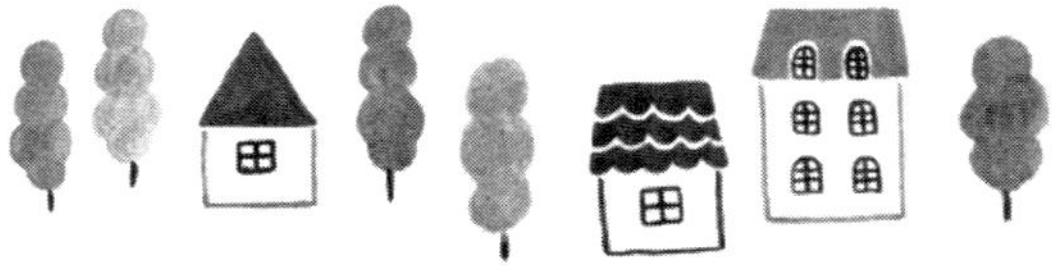

平和を祈る

どこかの家に入ったら、まず、
「この家に平和があるように」と言いなさい。（ルカ10・5）

相手が受け入れてくれるかは別として、
わたしたちからはいつも
相手のために平和を祈りましょう。
相手のために平和を祈れば平和が、
呪えばその呪いがわたしたちに帰って来ます。

6月27日

隣人を愛する

旅をしていたあるサマリア人は、……
その人を見て憐れに思い、
近寄って傷に油とぶどう酒を注ぎ、
包帯をして、自分のろばに乗せ、
宿屋に連れて行って介抱した。（ルカ10・33－34）

愛とは、相手を思いやり、
相手のために自分を差し出すこと。
愛の反対は、自分のことだけ考えて、
相手の存在を無視することです。

6月28日

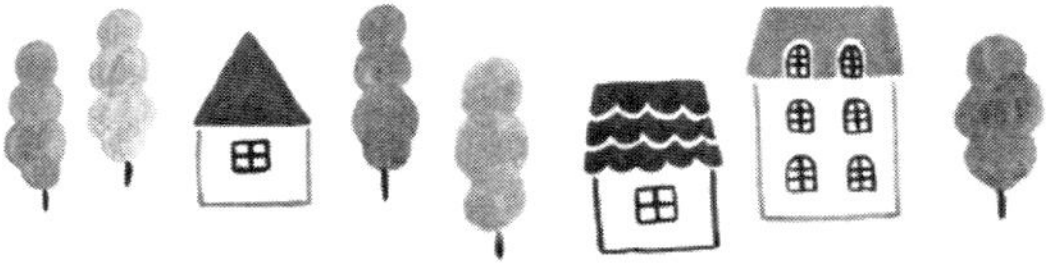

愛の呼ぶ声

愛は隣人に悪を行いません。
だから、愛は律法を全うするものです。（ロマ13・10）

心の奥深くから呼びかける、
愛の声に耳を澄ましましょう。
その声に従っている限り、
間違いを犯す心配はありません。

6月29日

必要なことは一つ

マルタ、マルタ、
あなたは多くのことに思い悩み、
心を乱している。しかし、
必要なことはただ一つだけである。（ルカ10・41－42）

自分ばかり働かなければならない
と腹を立て、誰かに怒りを燃やすなら、
それは愛の正反対。
わたしたちに何より必要なのは、
誰かを愛することなのです。

6月30日

7月

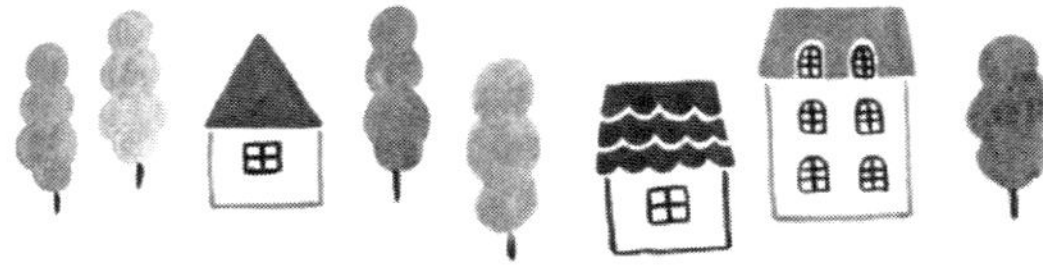

喜んで与える

各自、不承不承ではなく、
強制されてでもなく、
こうしようと心に決めたとおりにしなさい。
喜んで与える人を
神は愛してくださるからです。（二コリ9・7）

喜んでパンを与える人は、
パンと一緒に愛を与える人。
惜しみなく愛を与える人には、
神さまの愛が惜しみなく注がれるでしょう。

7月1日

父である神さま

父よ、御名が崇められますように。
御国が来ますように。（ルカ11・2）

イエスはわたしたちに、
神さまを「父」と呼ぶよう教えました。
神さまはわたしたちのお父さん。
お父さんは、子供のために
何が必要かをよく知っています。
信じてすべてを委ねましょう。

7月2日

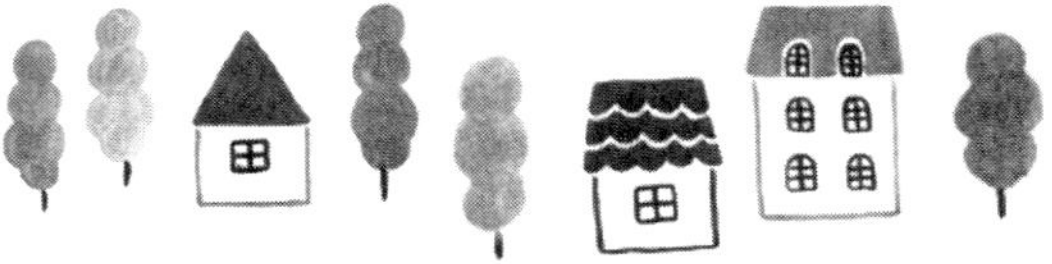

罪を認める

わたしたちの罪を赦してください、わたしたちも、自分に負い目のある人を皆赦しますから。（ルカ11・4）

自分の罪深さを認め、
神さまにゆるしを願うとき、
人を裁くことはできなくなります。
自分の罪を認めるからこそ、
人をゆるすことができるのです。

7月3日

「神の国」の始まり

わたしが神の指で
悪霊を追い出しているのであれば、
神の国はあなたたちのところに来ているのだ。（ルカ11・20）

「神の国」は、
もうあちこちで始まっています。
たとえば苦しんでいる人に
助けの手を差し伸べるとき、
わたしたちとその人とのあいだに
小さな「神の国」が生まれるのです。

7月4日

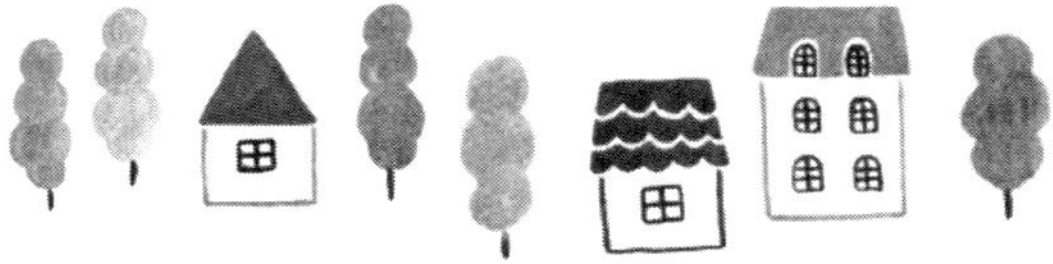

7月5日

清らかな心

あなたたちファリサイ派の人々は、
杯や皿の外側はきれいにするが、
自分の内側は強欲と悪意に満ちている。（ルカ11・39）

清らかな心とは、
何の隠しごともなく、
底まで見通せるほど透き通った心。
強欲や悪意によって汚されていない、
澄みきった心のことです。

一羽の価値

五羽の雀が
二アサリオンで売られているではないか。
だが、その一羽さえ、
神がお忘れになるようなことはない。（ルカ12・6）

人間の目から見れば、
たくさんいる中の一羽に過ぎなくても、
神さまの目から見れば一羽一羽が大切な雀。
すべての命が、
神さまの前では限りなく尊いのです。

7月6日

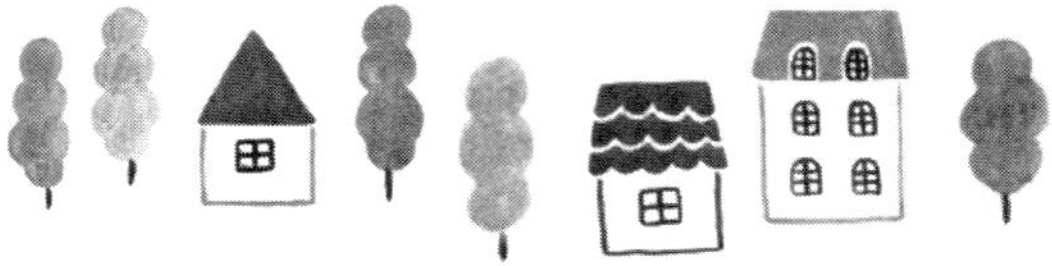

分かち合う

7月7日

どんな貪欲にも注意を払い、
用心しなさい。
有り余るほど物を持っていても、
人の命は財産によって
どうすることもできないからである。（ルカ12・15）

どれほどの財産を手に入れても、
死の床につけば、もう使い道はありません。
貯め込むことより、
分かち合うことを考えましょう。

清めの火

わたしが来たのは、
地上に火を投ずるためである。
その火が既に燃えていたらと、
どんなに願っていることか。（ルカ12・49）

イエスが地上に投じる火。
それは地上の罪を照らし出し、
痛悔の苦しみで焼く聖霊の火。
わたしたちを生まれ変わらせる、
厳かな清めの火です。

7月8日

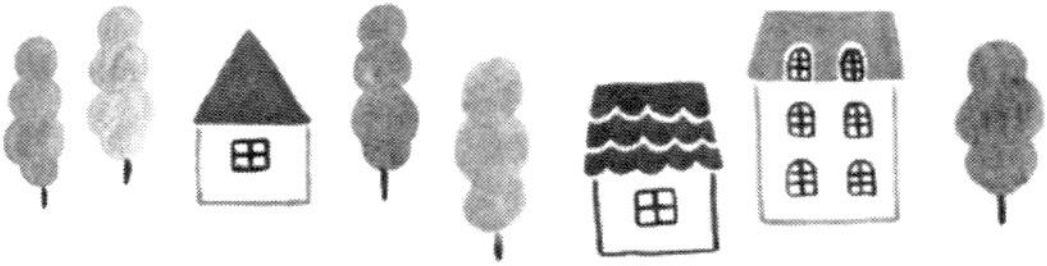

時のしるし

空や地の模様を
見分けることは知っているのに、
どうして今の時を
見分けることを知らないのか。（ルカ12・56）

神さまは、
さまざまな出来事を通して
わたしたちに語りかけておられます。
時のしるしを、
読み解くことができますように。

7月9日

定められた時

何事にも時があり
天の下の出来事には
すべて定められた時がある。（コヘ3・1）

時が来たのに、
見過ごすことがありませんように。
時が来ていないのに、
あせることがありませんように。
時をしっかり、
見極めることができますように。

7月10日

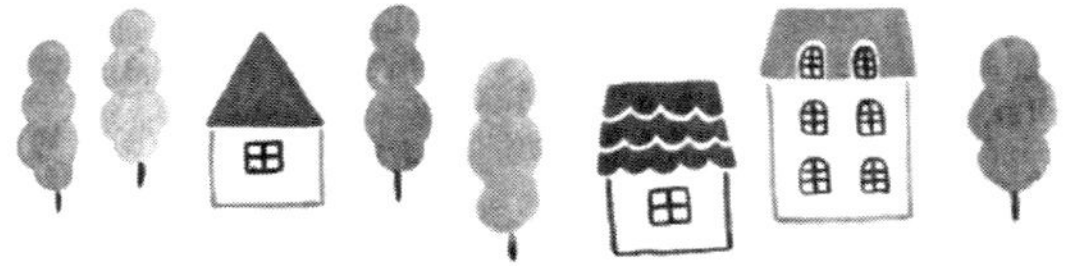

7月11日

パン種のたとえ

神の国を何にたとえようか。
パン種に似ている。
女がこれを取って三サトンの粉に混ぜると、
やがて全体が膨れる。（ルカ13・20－21）

どんなに苦しい状況でも、誰か一人が
「神はわたしたちを決して見捨てない」
と心の底から信じ、
その希望を語り続けるなら、
社会全体が希望で満たされてゆくでしょう。

悔い改める人

悔い改める一人の罪人については、
悔い改める必要のない
九十九人の正しい人についてよりも
大きな喜びが天にある。（ルカ15・7）

自分が滅びかけていることに
気づかない限り、
悔い改めることはできません。
気づいて助けを求める人を、
神さまは喜んで助けてくださいます。

7月12日

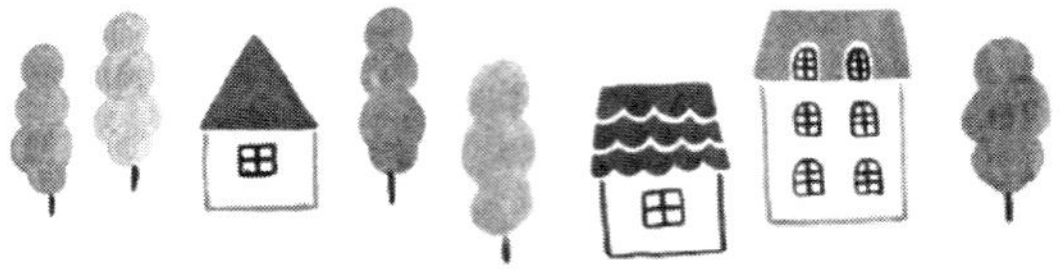

遠く離れていても

まだ遠く離れていたのに、
父親は息子を見つけて、憐れに思い、
走り寄って首を抱き、接吻した。（ルカ15・20）

完全である必要はありません。
自分の間違いに気づき、
回心の道を歩み始めればよいのです。
まだ遠く離れたわたしたちでさえ、
神さまは必ず見つけ出し、
駆け寄って抱きしめてくださいます。

7月13日

ゆるす力

食べて祝おう。
この息子は、死んでいたのに生き返り、
いなくなっていたのに見つかったからだ。（ルカ15・23−24）

「もうだめだ。取り返しがつかない」
と決めつける必要はありません。
神さまは、
取り返しがつかないほどの間違いさえ、
ゆるす力を持っておられるからです。

7月14日

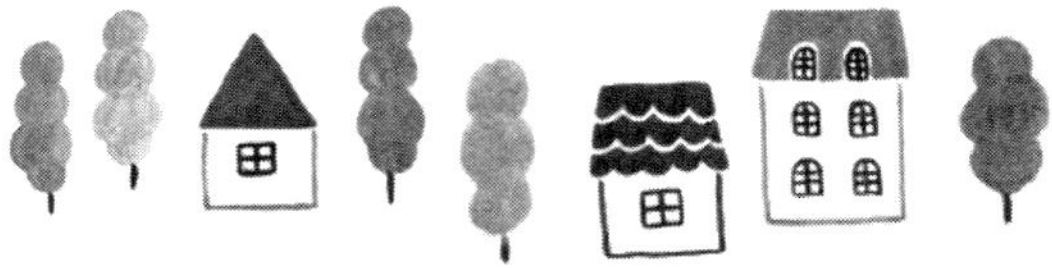

見捨てない

主御自身があなたに先立って行き、
主御自身があなたと共におられる。
主はあなたを見放すことも、
見捨てられることもない。（申31・8）

もしわたしたちが
神さまを見捨てたとしても、
神さまはわたしたちを見捨てません。
どんなときでもわたしたちを守り、
導いてくださる方。それが神さまなのです。

7月15日

小さなことへの忠実

ごく小さな事に忠実な者は、
大きな事にも忠実である。
ごく小さな事に不忠実な者は、
大きな事にも不忠実である。（ルカ16・10）

わたしたちの愛は、
小さなことへの誠実さによって証《あかし》されます。
誰にも評価されない小さなことは、
愛がなければできないからです。

7月16日

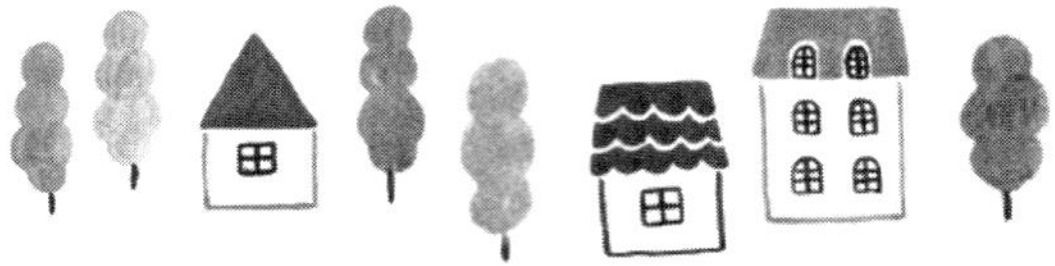

神さまの道具

斧《おの》がそれを振るう者に対して自分を誇り
のこぎりがそれを使う者に向かって
高ぶることができるだろうか。（イザ10・15）

わたしたちは皆、
神さまの手の中にある道具。
何か素晴らしいことを成し遂げたなら、
自分を誇るのではなく、
どんな道具を使っても
よいものを作られる神さまを誇りましょう。

7月17日

はっきり選ぶ

どんな召し使いも
二人の主人に仕えることはできない。……
あなたがたは、
神と富とに仕えることはできない。（ルカ16・13）

神の栄光と
人々の幸せのために生きるのか、
自分の利益と欲望のために生きるのか。
はっきり選ぶことができますように。

7月18日

7月19日

無関心の淵《ふち》

わたしたちとお前たちの間には
大きな淵があって、
ここからお前たちの方へ
渡ろうとしてもできないし、
そこからわたしたちの方に
越えて来ることもできない。（ルカ16・26）

貧しい人々の苦しみに心を閉ざすなら、
それがわたしたちと天国を隔てる淵になります。
心を開き、天国に向かう愛の橋をかけましょう。

真実の信仰

もしあなたがたに
からし種一粒ほどの信仰があれば、
この桑の木に、
「抜け出して海に根を下ろせ」と言っても、
言うことを聞くであろう。（ルカ17・6）

大きな信仰は必要ありません。
神さまの愛に信頼し、
すべてを委ねる真実の信仰が、
からし種一粒ほどあればいいのです。

7月20日

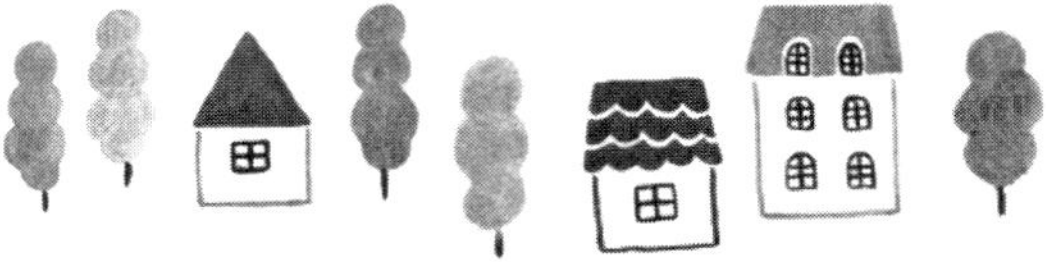

招かれた者の証《あかし》

神から招かれたのですから、
その招きにふさわしく歩み、
一切高ぶることなく、
柔和で、寛容の心を持ちなさい。（エフェ4・1－2）

すべての人の下に立ち、
誰一人として見下さないほどの謙虚さ、
相手の弱さをあるがままに受け入れ、
包み込む寛容さこそ、
神さまから招かれた者の証です。

7月21日

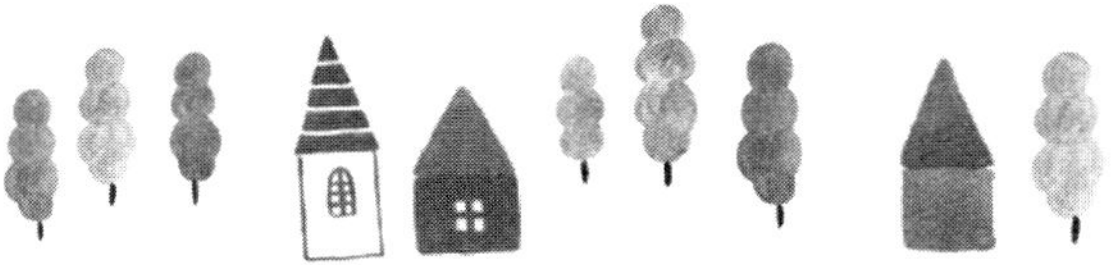

救われた人

清くされたのは十人ではなかったか。
ほかの九人はどこにいるのか。
この外国人のほかに、神を賛美するために
戻って来た者はいないのか。（ルカ17・17－18）

病気が治った人は十人でも、
救われたのは一人だけ。
体が癒され、
心が神さまへの感謝で満たされるとき、
はじめて救いが訪れるのです。

7月22日

7月23日

わたしたちの間に

**神の国は、見える形では来ない。
「ここにある」「あそこにある」と
言えるものでもない。実に、
神の国はあなたがたの間にあるのだ。**（ルカ17・20－21）

互いにゆるし合い、受け入れ合うとき、
わたしたちの間に「神の国」が生まれます。
愛が憎しみに打ち勝つとき、
そこに「神の国」が生まれるのです。

振り返らずに

**ロトの妻のことを思い出しなさい。
自分の命を生かそうと努める者は、
それを失い、それを失う者は、
かえって保つのである。**（ルカ17・32－33）

ロトの妻は、神さまを疑い、
振り返ったために塩の柱となりました。
神さまを信じて歩み続ける人は生き、
疑って立ち止まる人は命を失うのです。

7月24日

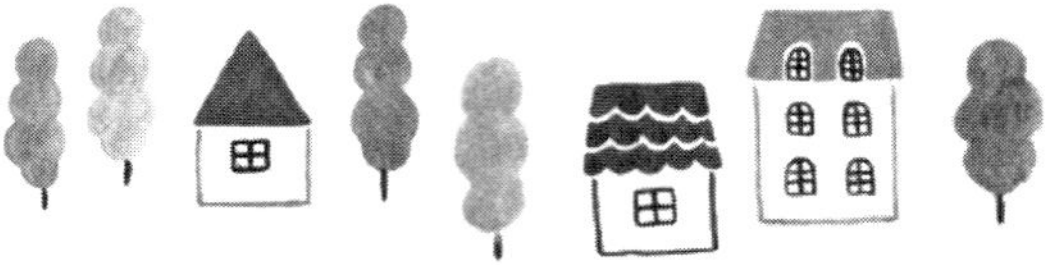

7月25日

本当の偉さ

だれでも高ぶる者は低くされ、
へりくだる者は高められる。（ルカ18・14）

自分は偉いと思い込み、
周りを見下すような人を、
誰も偉い人だとは思いません。
自分が偉いなどとは少しも思わず、
すべての人に誠実な態度で奉仕する人は、
神さまの前でも、人間の前でも
偉大な人と呼ばれるでしょう。

小さくなった人

神は地位のある者を無力な者とするため、
世の無に等しい者、身分の卑しい者や
見下げられている者を選ばれたのです。
それは、だれ一人、
神の前で誇ることがないようにするためです。（一コリ1・28―29）

最も小さくなった人の心に、
最も大きな愛が宿ります。
地上のどんな力も、
愛の前には無力です。

7月26日

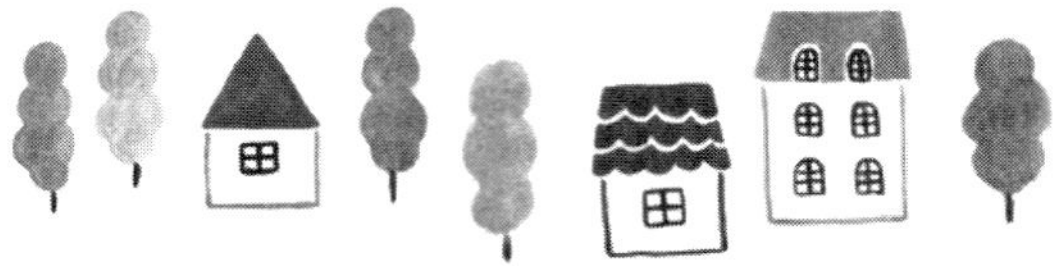

7月27日

知恵ある者

もし、あなたがたのだれかが、
自分はこの世で知恵のある者だと考えているなら、
本当に知恵のある者となるために
愚かな者になりなさい。（一コリ3・18）

本当に知恵のある者とは、
自分の知識には限界があると
素直に認められる人のこと。
限界を認め、謙虚な心で
学び続けられる人のことです。

打ち砕かれた心

神の求めるいけにえは打ち砕かれた霊。
打ち砕かれ悔いる心を
神よ、あなたは侮られません。（詩51・19）

神さまが一番よろこばれるのは、
わたしたちが罪を離れて悔い改めること。
自分だけが正しいと思い込む
かたくなな心、
人を見下す傲慢な心を、
打ち砕くことができますように。

7月
28日

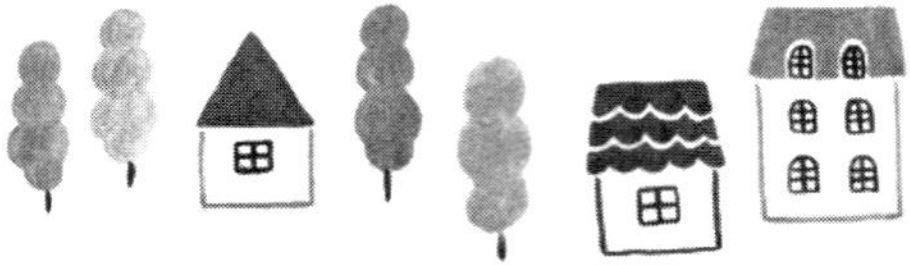

願うべきこと

イエスはお尋ねになった。

「何をしてほしいのか」。盲人は、

「主よ、目が見えるようになりたいのです」

と言った。（ルカ18・41）

周りの状況や自分自身のことが
よく見えていないのに、見えていると
思い込んでいることが多いわたしたち。
見えていないと気づくのが、
救いの道の第一歩です。

7月29日

救いの訪れ

今日、救いがこの家を訪れた。……
人の子は、失われたものを捜して
救うために来たのである。（ルカ19・9－10）

イエス・キリストが目の前に現われても、
それだけでは救いが訪れたことになりません。
心を開いて神さまの言葉を受け入れ、
過ちを改めるときにこそ、
救いがその人を訪れるのです。

7月30日

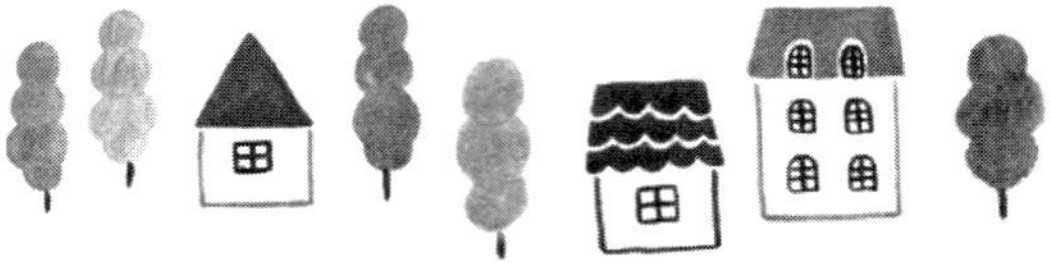

生きている者の神

神は死んだ者の神ではなく、
生きている者の神なのだ。
すべての人は、
神によって生きているからである。（ルカ20・38）

死んだあとで
天国に入れてくれるだけの神さまならば、
生きているわたしたちには関係ありません。
神さまは、生きているわたしたちを
天国の喜びで満たしてくださる方なのです。

7月31日

8月

8月1日

共におられる神

見よ、わたしはあなたと共にいる。
あなたがどこへ行っても、
わたしはあなたを守り、
必ずこの土地に連れ帰る。（創28・15）

道を見失い、迷子になったときでも、
神さまは必ず
わたしたちの隣にいてくださいます。
その手をしっかり握りしめましょう。

身を起こす

このようなことが起こり始めたら、
身を起こして頭を上げなさい。
あなたがたの解放の時が近いからだ。（ルカ21・28）

自分が頼りにしていたものが
すべて崩れ去るような、
大きな変化のときこそ解放のとき。
おびえてうずくまるのではなく、
身を起こして立ち向かいましょう。

8月2日

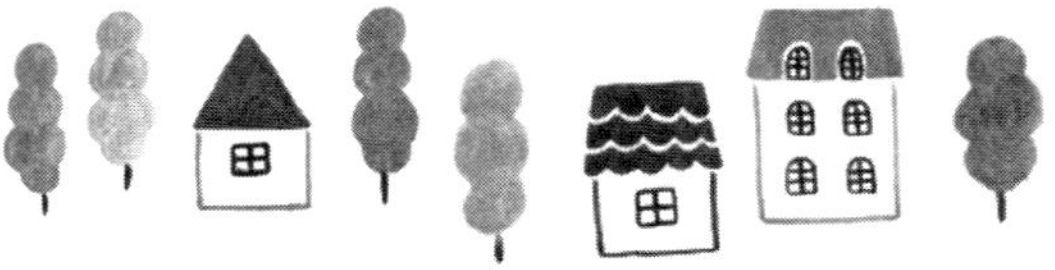

8月3日

み言葉の大地

はっきり言っておく。
すべてのことが起こるまでは、
この時代は決して滅びない。
天地は滅びるが、
わたしの言葉は決して滅びない。（ルカ21・32－33）

この世界は、神さまの言葉の上に据えられたもの。
天地が崩れ去ったとき、わたしたちは
自分が神さまの言葉に
しっかり支えられていることを知るでしょう。

愛に根ざす

**どうか、御父が、……信仰によって
あなたがたの心の内にキリストを住まわせ、
あなたがたを愛に根ざし、
愛にしっかりと立つ者としてくださるように。**（エフェ3・16－17）

たとえ天地が崩れても、
神さまの愛は揺らぎません。
神さまの愛に根を下ろしていれば、
何も心配する必要はないのです。

8月4日

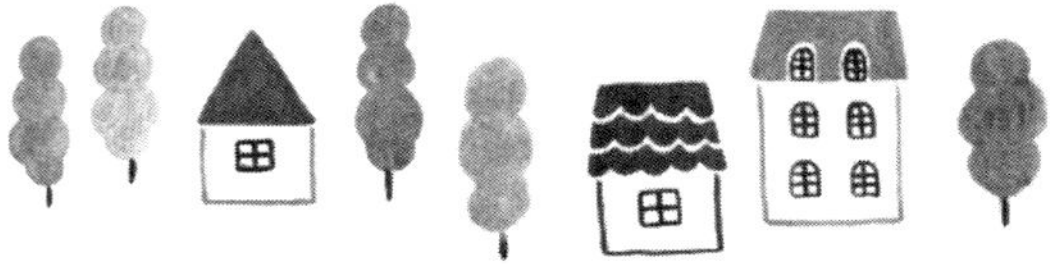

8月5日

今日一日を大切に

放縦や深酒や生活の煩いで、
心が鈍くならないように注意しなさい。
さもないと、その日が
不意に罠《わな》のようにあなたがたを襲うことになる。（ルカ21・34）

明日が終わりの日だとしたら、
今日の一日は、
どれほど貴いことでしょう。
かけがえのない一日を、
精いっぱいに生きましょう。

平和への道

もしこの日に、
お前も平和への道をわきまえていたなら……。
しかし今は、それがお前には見えない。（ルカ19・42）

平和な世界とは、
誰もが幸せに生きられる世界のこと。
自分の幸せだけを考えていては、
決して実現できません。

8月6日

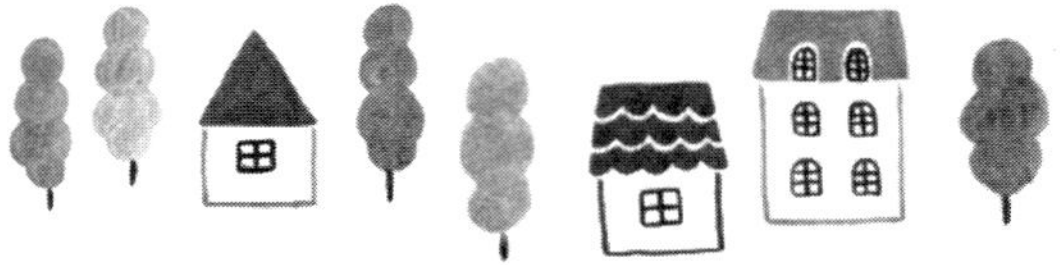

共に生きる

彼らは剣《つるぎ》を打ち直して鋤《すき》とし
槍《やり》を打ち直して鎌《かま》とする。
国は国に向かって剣を上げず
もはや戦うことを学ばない。（イザ2・4）

わたしたちのあいだに
確かな信頼の絆が結ばれたなら、
もう身を守る必要はありません。
必要なのは、互いに助け合い、
共に生きてゆくための道具だけです。

8月7日

神に立ち返る

主よ、我々は自分たちの背きと
先祖の罪を知っています。
あなたに対して、我々は過ちを犯しました。
我々を見捨てないでください。（エレ14・20－21）

神さまの愛に背を向け、
欲望のおもむくままに行動すれば、
待っているのは自滅だけ。
神さまに立ち返り、
平和を取り戻すことができますように。

8月8日

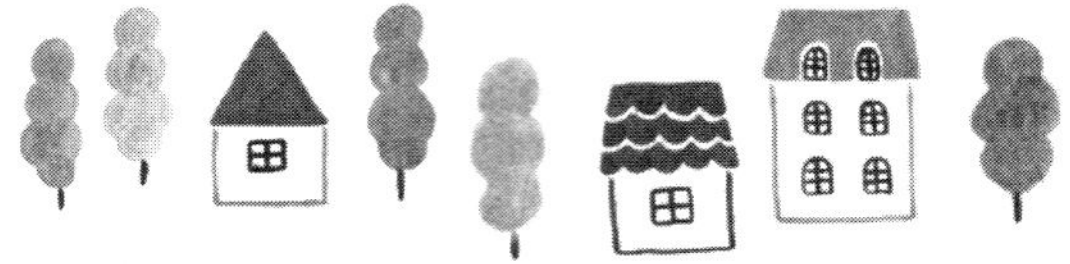

委ねる平和

わたしは、平和をあなたがたに残し、
わたしの平和を与える。
わたしはこれを、
世が与えるように与えるのではない。（ヨハ14・27）

キリストの平和は、
しがみついて守る平和ではなく、
手放して委ねる平和。
手に入れる平和ではなく、
心の中から静かに湧き上がる平和です。

8月9日

キリストの平和

キリストはわたしたちの平和であります。
二つのものを一つにし、
御自分の肉において
敵意という隔ての壁を取り壊し、
規則と戒律ずくめの律法を廃棄されました。（エフェ2・14－15）

キリストの平和は、自分の正しさを
相手に押しつける平和ではありません。
愛とゆるしによって、
すべてを一つに結びつける平和です。

8月10日

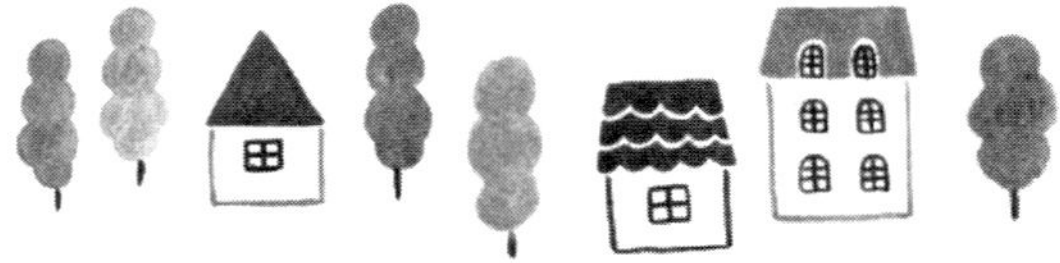

誰もが神の子

もはや、ユダヤ人もギリシア人もなく、
奴隷も自由な身分の者もなく、
男も女もありません。
あなたがたは皆、
キリスト・イエスにおいて一つだからです。（ガラ3・28）

あらゆる違いの壁を越え、
一つに結ばれたわたしたち。
国籍も、身分も、性別も関係ありません。
誰もが等しく、神さまの子供なのです。

8月11日

剣《つるぎ》を納める

剣をさやに納めなさい。
剣を取る者は皆、剣で滅びる。（マタ26・52）

暴力によって実現した平和は、
やがて暴力によって覆される平和。
相手を無理に黙らせても、
争いの火種は消えません。
じっくり話し合うことで、
互いに納得のゆく答えを見つけましょう。

8月12日

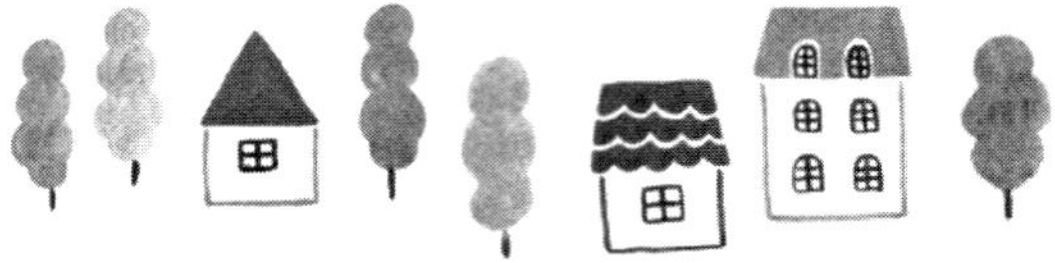

8月13日

苦しむ人の側に

とこしえにまことを守られる主は
虐げられている人のために裁きをし
飢えている人にパンをお与えになる。（詩146・6―7）

神さまは、どんなときでも
苦しむ人たちの側におられる方。
差別や偏見によって苦しめられている人、
貧困と飢えの中で死にかけている人を、
なんとしてでも救いたい。
それが神さまの望みなのです。

8月
14日

救いの証《あかし》

お互いの間にねたみや争いが絶えない以上、
あなたがたは肉の人であり、
ただの人として歩んでいる、
ということになりはしませんか。（一コリ3・3）

互いをいたわり助け合う
謙虚で柔和な心こそ、
神に救われた人のしるし。
生き方によって、
救いを証できますように。

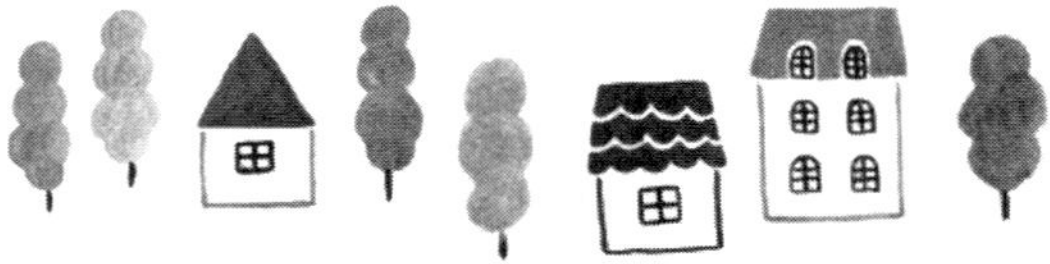

争い合う欲望

何が原因で、あなたがたの間に
戦いや争いが起こるのですか。
あなたがた自身の内部で争い合う欲望が、
その原因ではありませんか。（ヤコ4・1）

自分が偉くなりたい人は、
自分を押しのけて
偉くなろうとする人の悪口を言います。
自分の中に相手と同じ欲望があるからこそ、
欲望が競い合い、争いが起こるのです。

8月15日

偽預言者

惑わされないように気をつけなさい。
わたしの名を名乗る者が大勢現れ、
「わたしがそれだ」とか、
「時が近づいた」とか言うが、
ついて行ってはならない。（ルカ21・8）

不安や恐れにとりつかれたときは、
偽預言者の言葉にさえすがりたくなります。
口先の言葉と真実の愛を、
見分けることができますように。

8月16日

8月17日

最初の一歩

イエスは弟子たちに、
「来なさい。そうすれば分かる」と言われた。（ヨハ1・39）

神さまの愛を、
言葉で説明し尽くすことはできません。
自分で体験した人だけが、
神さまの愛を知るのです。
勇気を出して、
最初の一歩を踏み出しましょう。

生まれ変わる

人は、新たに生まれなければ、
神の国を見ることはできない。（ヨハ3・3）

古い自分が死ぬときこそ、
新しい自分が生まれるとき。
しがみついているものから手を放し、
聖霊の風に身をゆだねるなら、
わたしたちはいつでも
新しい自分に生まれ変われるのです。

8月18日

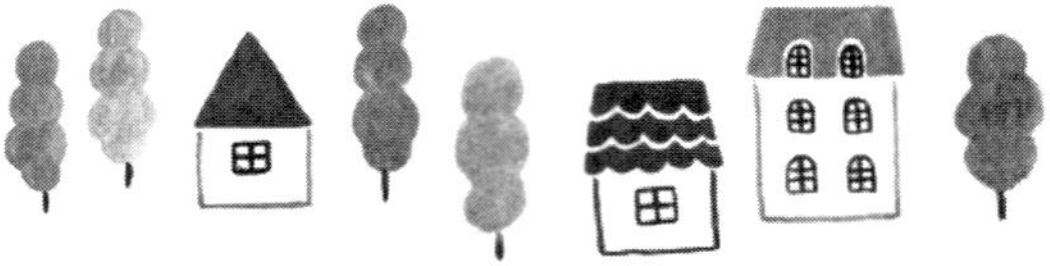

8月19日

風の吹くまま

風は思いのままに吹く。
あなたはその音を聞いても、それがどこから来て、
どこへ行くかを知らない。
霊から生まれた者も皆そのとおりである。（ヨハ3・8）

心に吹き込む聖霊の風を、
コントロールすることはできません。
聖霊の風に身を任せ、
神さまが望むところへ行きましょう。

不安や恐れの毒

モーセが荒れ野で蛇を上げたように、
人の子も上げられねばならない。
それは、信じる者が皆、
人の子によって永遠の命を得るためである。（ヨハ3・14－15）

モーセが作った青銅の蛇は、
人々の体を毒から救いました。
イエスの十字架は、
わたしたちの心から
不安や恐れの毒を取り去ります。

8月20日

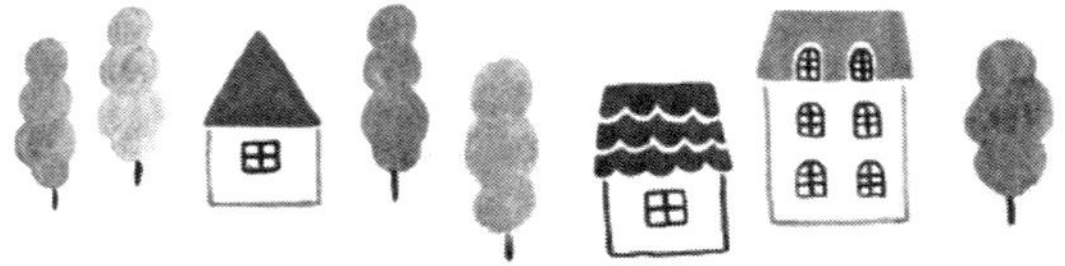

神の栄え

わたしは喜びで満たされている。
あの方は栄え、
わたしは衰えねばならない。（ヨハ3・29−30）

わたしたちの使命は、
神さまの素晴らしさを伝えること。
自分の素晴らしさを
伝えることではありません。
使命を果たして去ってゆく。
それがしもべの役割です。

8月21日

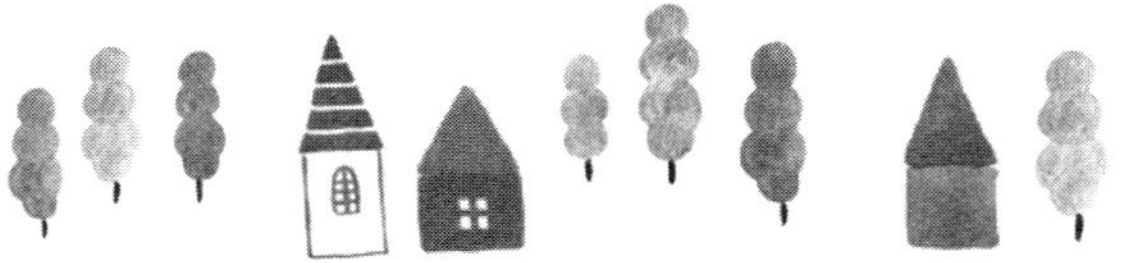

湧き上がる言葉

神がお遣わしになった方は、
神の言葉を話される。
神が〝霊〟を
限りなくお与えになるからである。（ヨハ3・34）

神さまの愛に満たされた人の口からは、
喜びを語る言葉があふれ出します。
神さまの愛は限りなく、
喜びの言葉が尽きることはありません。

8月22日

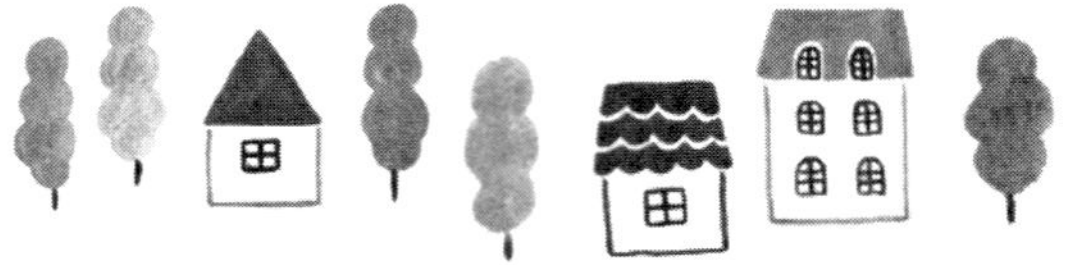

8月23日

心の泉

荒れ野に水が湧きいで
荒れ地に川が流れる。
熱した砂地は湖となり
乾いた地は水の湧くところとなる。（イザ35・6－7）

神さまの愛に出会うとき、
心に泉が湧き出します。
自分自身の渇きを癒し、
あふれて人々の心に流れ込む、
喜びと力の泉です。

命の水

わたしが与える水を飲む者は決して渇かない。
わたしが与える水はその人の内で泉となり、
永遠の命に至る水がわき出る。（ヨハ4・14）

「神さまに愛されている」
という確信こそ、
喜びと力の水が湧き出す泉の源。
枯らすことがないように、
心に深く刻みましょう。

8月24日

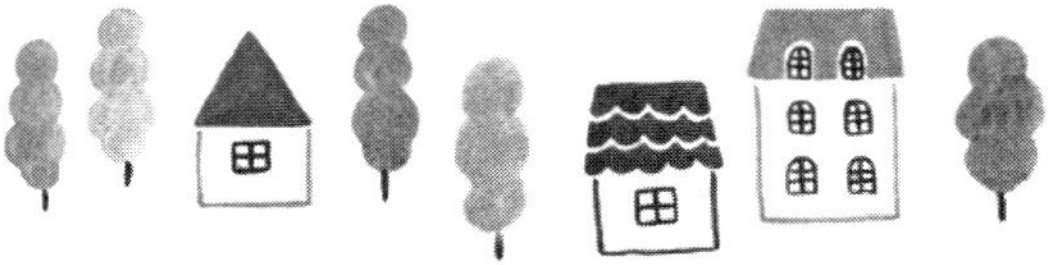

しるしに気づく

**あなたがたは、
しるしや不思議な業《わざ》を見なければ、
決して信じない。**（ヨハ4・48）

しるしは、すでに与えられています。
わたしたちがいま生きていること、
住む家があり、着る物があること、
日々の糧に恵まれていること。
すべては、神さまの愛のしるしなのです。

8月25日

全身で賛美する

大地を水の上に広げた方に感謝せよ。
慈しみはとこしえに。
大きな光を造った方に感謝せよ。
慈しみはとこしえに。（詩136・6－7）

大地を踏みしめ、
太陽の光に照らされて、
全身で神さまを賛美しましょう。
わたしたちは、
神さまの愛の中に生きているのです。

8月26日

命の光

ヨハネは、燃えて輝くともし火であった。……
しかし、わたしには
ヨハネの証《あか》しにまさる証しがある。（ヨハ5・35－36）

苦しんでいる人たちを助けるために、
自分の命を燃やすとき、
わたしたちの人生は輝きを放ちます。
命の光を、輝かせることができますように。

8月27日

愛の火を燃やす

わたしはあなたを国々の光とし
わたしの救いを地の果てまで、
もたらす者とする。（イザ49・6）

行く道を照らし、心を温め、
人々に希望を与える愛の火を、
燃やし続けることができますように。
小さな愛のともし火を、
守り続けることができますように。

8月28日

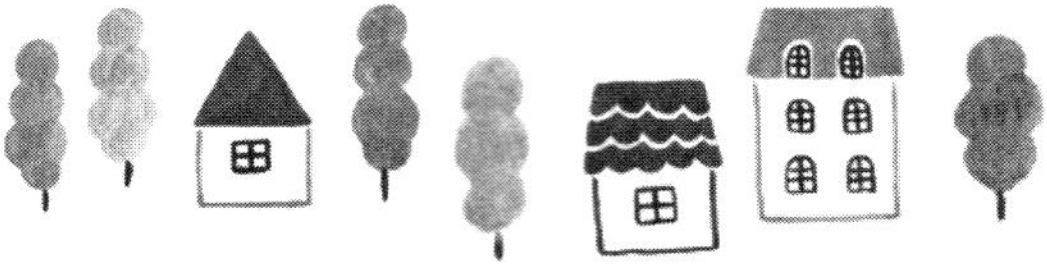

感謝して分かち合う

イエスはパンを取り、
感謝の祈りを唱えてから、
座っている人々に分け与えられた。（ヨハ6・11）

感謝することで、
愛はわたしたちの心を満たしてゆきます。
分かち合うことで、愛は無限に大きくなり、
すべての人の心を満たしてゆきます。
感謝して、分かち合いましょう。

8月29日

愛に結ばれて

パンは一つだから、
わたしたちは大勢でも一つの体です。
皆が一つのパンを分けて食べるからです。（一コリ10・17）

同じものを食べたから
というだけではありません。
分かち合うときに生まれる愛が、
わたしたちを一つに結びつけるのです。

8月30日

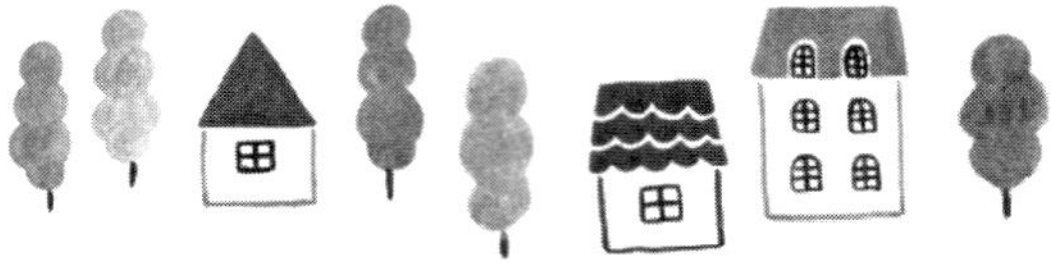

無限の愛

主よ、人間とは何ものなのでしょう
あなたがこれに親しまれるとは。
人の子とは何ものなのでしょう
あなたが思いやってくださるとは。（詩144・3）

自分自身を裏切り、
互いに傷つけあうわたしたちのためにさえ、
恵みを豊かに注いでくださる神さま。
その愛に、こたえることができますように。

8月31日

9月

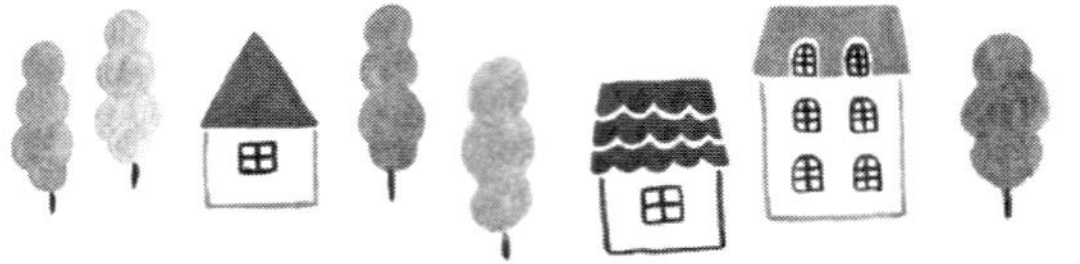

9月1日

純粋な愛のパン

わたしが命のパンである。
わたしのもとに来る者は
決して飢えることがなく、
わたしを信じる者は決して渇くことがない。（ヨハ6・35）

富や名誉、権力のパンを食べても、
それだけで心が満たされることはありません。
わたしたちの心を満たすことができるのは、
私利私欲の混じらない、
純粋な愛のパンだけなのです。

居場所はある

父がわたしにお与えになる人は皆、
わたしのところに来る。
わたしのもとに来る人を、
わたしは決して追い出さない。（ヨハ6・37）

あらゆる場所から追い出されても、
神さまだけはわたしたちを
追い出すことがありません。
神さまのもとに帰りましょう。
そこには、必ず居場所があります。

9月2日

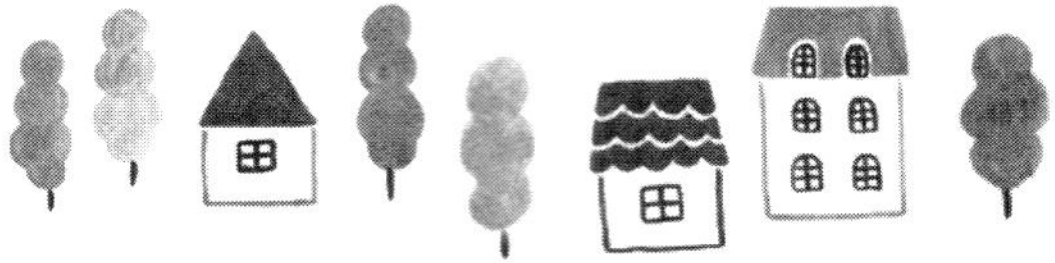

9月3日

生きた愛

わたしは、
天から降って来た生きたパンである。
このパンを食べるならば、
その人は永遠に生きる。（ヨハ6・51）

イエスの体に宿ったとき、
神さまの愛は「生きたパン」になりました。
イエスのまなざしやぬくもり、
やさしさを通して、
わたしたちは「生きた愛」と出会うのです。

自分はどうなのか

あなたたちの中で
罪を犯したことのない者が、
まず、この女に石を投げなさい。（ヨハ8・7）

他人の落ち度を厳しく批判するとき、
わたしたちは自分のことを
すっかり棚に上げています。
もし石を投げれば、その石はやがて
自分に向かって飛んでくるでしょう。

9月4日

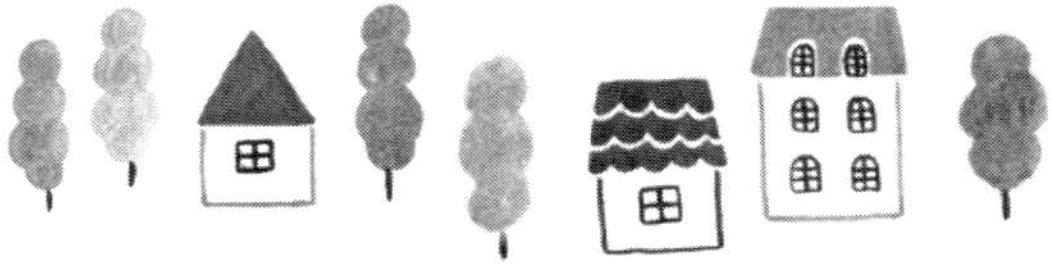

9月5日

罪のゆるし

わたしもあなたを罪に定めない。
行きなさい。これからは、
もう罪を犯してはならない。（ヨハ8・11）

過去の自分に
縛られる必要はありません。
神さまの愛に癒されて、
わたしたちは今日、
新しい自分に生まれ変わるのです。

命の光

わたしは世の光である。
わたしに従う者は暗闇の中を歩かず、
命の光を持つ。（ヨハ8・12）

キリストに従っている限り、
どんな闇の中でも迷子にはなりません。
なぜなら、わたしたちの命そのものが
まばゆい光を放つからです。
神さまの愛に満たされて、
命の光を輝かせましょう。

9月6日

話すべきこと

わたしをお遣わしになった方は真実であり、
わたしはその方から聞いたことを、
世に向かって話している。（ヨハ8・26）

心の奥底から語りかける
神さまの声に耳を傾け、
真理の言葉を話せますように。
話したいことではなく、
話すべきことを話せますように。

9月7日

わたしたちと共に

わたしをお遣わしになった方は、
わたしと共にいてくださる。
わたしをひとりにしてはおかれない。（ヨハ8・29）

わたしたちを
この世界に遣わした神さまは、
わたしたちと共に笑い、
わたしたちと共に泣いてくださる方。
どんなときでもわたしたちを見守り、
やさしく導いてくださる方です。

9月8日

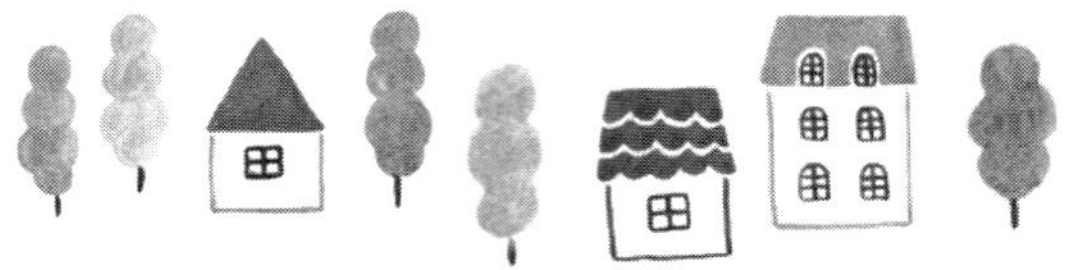

9月9日

自由に生きる

わたしの言葉にとどまるならば、
あなたたちは本当にわたしの弟子である。
あなたたちは真理を知り、
真理はあなたたちを自由にする。（ヨハ8・31－32）

感情に引きずられたり、
思い込みに縛られたり、
欲望の奴隷になったり、
なかなか自由に生きられないわたしたち。
自由とは、真理にとどまり続ける決断なのです。

弱いときにこそ

弱さ、侮辱、窮乏、迫害、
そして行き詰まりの状態にあっても、
キリストのために満足しています。
なぜなら、わたしは
弱いときにこそ強いからです。（二コリ12・10）

自分の力ではどうにもならないと気づき、
すべてを神さまに委ねるとき、
神さまの力がわたしたちを動かし始めます。
想像を越えた力が、わたしたちに宿るのです。

9月10日

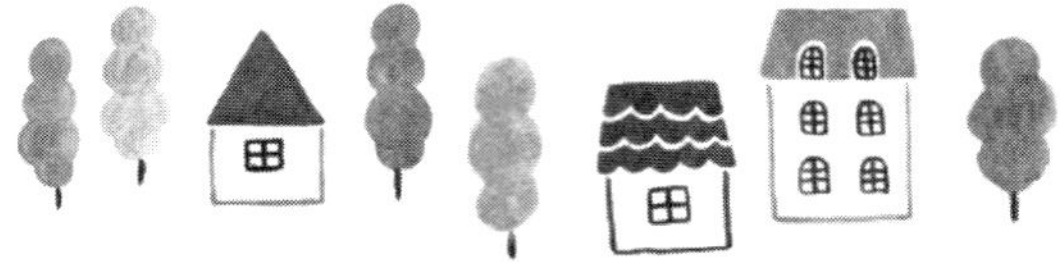

9月11日

声の響き

羊はその（羊飼いの）声を
知っているので、ついて行く。
しかし、ほかの者には
決してついて行かず、逃げ去る。
ほかの者たちの声を知らないからである。（ヨハ10・4－5）

言葉に込められた感情の響きを、
人は敏感に感じ取ります。
怒りやいらだちの響く声からは逃げ、
やさしさや思いやりの響く声に従うのです。

よい羊飼い

わたしは良い羊飼いである。……
わたしは羊のために命を捨てる。（ヨハ10・14－15）

羊たちのことを隅々まで知っていて、
病気になれば夜通し看病し、
敵が迫れば命がけで守る羊飼いのように、
イエスはわたしたちを世話してくださいます。
そのそばから、決して離れないようにしましょう。

9月12日

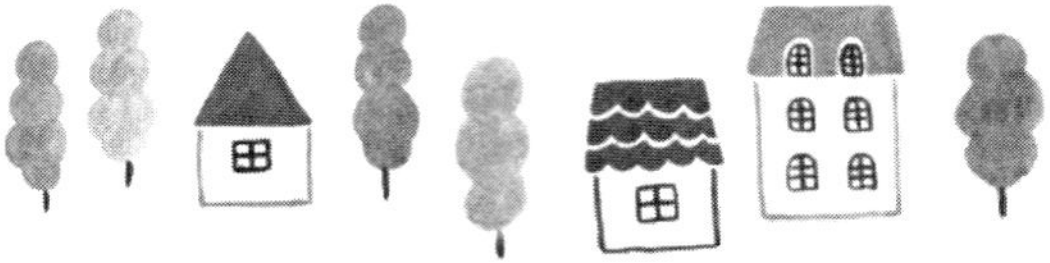

行いを信じる

わたしが父の業《わざ》を行っていないのであれば、
わたしを信じなくてもよい。
しかし、行っているのであれば、
わたしを信じなくても、その業を信じなさい。（ヨハ10・37－38）

相手を信じられなかったとしても、
相手が何かよいことを始めたなら、
その行いを信じましょう。
動き始めた愛の力を信じましょう。

9月13日

一粒の麦

一粒の麦は、
地に落ちて死ななければ、
一粒のままである。
だが、死ねば、多くの実を結ぶ。（ヨハ12・24）

思い上がって高い所にいては、
実を結ぶことができません。
泥にまみれ、
大地にしっかり根を下ろしてこそ、
実を結ぶことができるのです。

9月14日

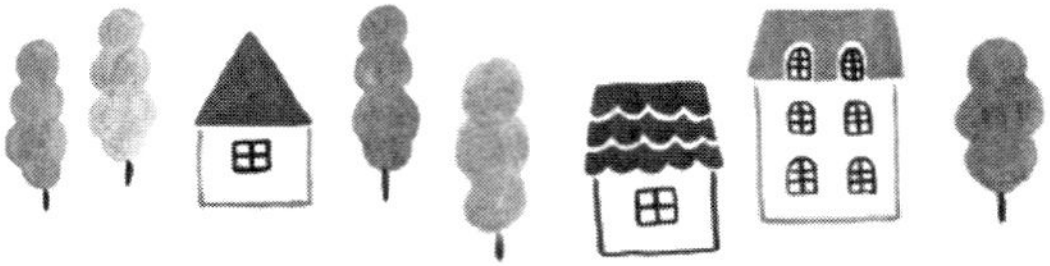

光のあるうちに

光は、いましばらく、
あなたがたの間にある。
暗闇に追いつかれないように、
光のあるうちに歩きなさい。（ヨハ12・35）

生きてる限り、何歳になっても、
悔い改めることはできます。
まだ光があるうちに、
神さまのもとに立ち返りましょう。

9月15日

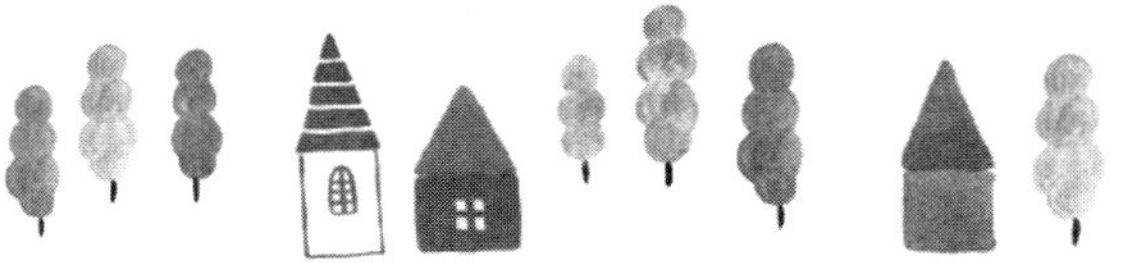

ゆるす使命

わたしの言葉を聞いて、
それを守らない者がいても、
わたしはその者を裁かない。
わたしは、世を裁くためではなく、
世を救うために来たからである。（ヨハ12・47）

わたしたちの使命は、
裁いて切り捨てることではなく、
ゆるして結びつけること。
滅びてよい人など一人もいないのです。

9月16日

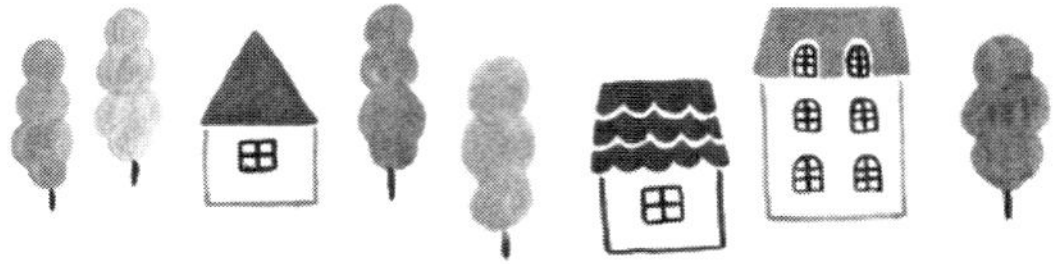

9月17日

生きている愛

**こんなに長い間一緒にいるのに、
わたしが分かっていないのか。
わたしを見た者は、父を見たのだ。**（ヨハ14・9）

人々を救うためなら、
あらゆる労苦を惜しまず、
命さえ喜んで差し出すイエスの中に、
神さまの愛が生きています。
イエスを見た人は、神さまの愛を見たのです。

友と語るように

主はモーセと語られた。……
主は人がその友と語るように、
顔と顔を合わせてモーセに語られた。（出33・9、11）

神さまは、人間の弱さ、不完全さを知り、
わたしたちと同じ目線で語ってくださる方。
友として語ってくださる神さまの声に、
しっかり耳を傾けましょう。

9月18日

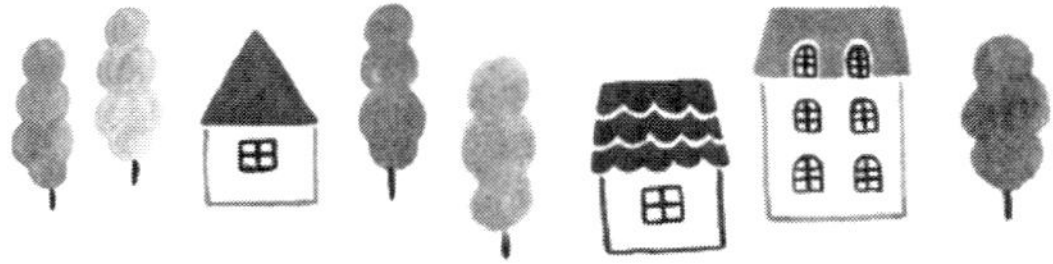

キリストを生きる

生きているのは、
もはやわたしではありません。
キリストが
わたしの内に生きておられるのです。（ガラ2・20）

古い自分に死ぬとき、
キリストの命がわたしたちに宿ります。
わたしたちの体を使って、
キリストが救いの業《わざ》を行うのです。

9月19日

豊かな実りのために

わたしにつながっていながら、
実を結ばない枝はみな、父が取り除かれる。
しかし、実を結ぶものはみな、
いよいよ豊かに実を結ぶよう手入れをなさる。（ヨハ15・2）

伸びすぎた枝を農夫が刈り込むように、
神さまもわたしたちが
勝手に伸ばした枝を刈り込みます。
わたしたちが、
もっと豊かに実を結ぶためです。

9月
20日

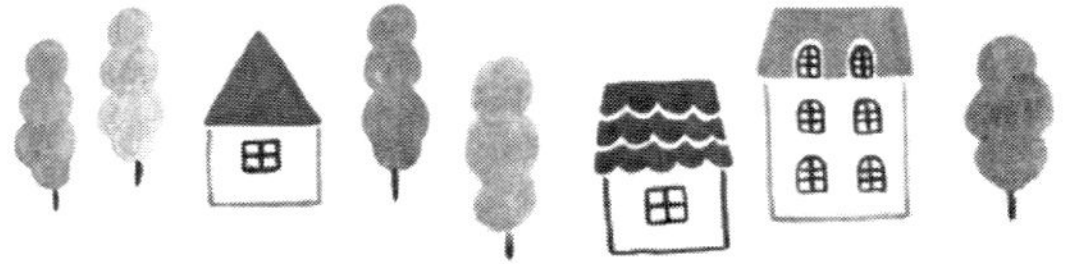

成長のための試練

主から懲らしめられても、
力を落としてはいけない。
なぜなら、主は愛する者を鍛え、
子として受け入れる者を皆、
鞭打たれるからである。（ヘブ12・5－6）

神さまが試練を与えるのは、
その試練を乗り越えた者にしか
果たすことができない使命を与えるため。
神さまの期待にこたえられますように。

9月21日

ぶどうの枝

わたしはぶどうの木、
あなたがたはその枝である。
人がわたしにつながっており、
わたしもその人につながっていれば、
その人は豊かに実を結ぶ。（ヨハ15・5）

神さまから離れれば、
すぐに枯れてしまうわたしたちの心。
神さまとつながっているからこそ、
喜びの実、やさしさの実を結べるのです。

9月22日

9月23日

愛を守り抜く

わたしが父の掟《おきて》を守り、
その愛にとどまっているように、
あなたがたも、わたしの掟を守るなら、
わたしの愛にとどまっていることになる。（ヨハ15・10）

愛を裏切るようそそのかす、
あらゆる誘惑を退けられますように。
かけがえのない愛を、
守り抜くことができますように。

命さえも

**わたしがあなたがたを愛したように、
互いに愛し合いなさい。……
友のために自分の命を捨てること、
これ以上に大きな愛はない。**（ヨハネ15・12−13）

愛するとは、大切な誰かのために、
自分を惜しみなく差し出すこと。
「この人のためなら命を差し出しても構わない」
とさえ思うなら、それ以上の愛はありません。

9月24日

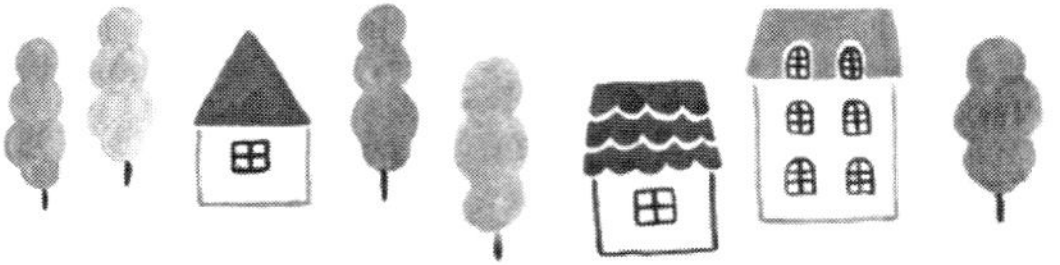

9月25日

神は愛

神は愛です。
愛にとどまる人は、神の内にとどまり、
神もその人の内にとどまってくださいます。（一ヨハ4・16）

神さまの愛で心が満たされるとき、
わたしたちは同時に、
神さまの愛に包まれていると感じます。
神さまは、わたしたちを内側から満たすと同時に、
外側から優しく包み込んでくださる方なのです。

愛の賛歌

愛は忍耐強い。愛は情け深い。
ねたまない。愛は自慢せず、高ぶらない。
礼を失せず、自分の利益を求めず、
いらだたず、恨みを抱かない。（一コリ13・4－5）

この人のためならば、
どんな苦しみも、苦しみのうちに入らない。
この人から愛されたこと自体が奇跡であり、
この人のためなら命を献《ささ》げても惜しくない。
それが、愛する人の心です。

9月26日

9月27日

友として

もはや、わたしは
あなたがたを僕《しもべ》とは呼ばない。……
わたしはあなたがたを友と呼ぶ。（ヨハ15・15）

イエスの思いを知らず、
命じられたままに行うなら、
その人はイエスのしもべ。
イエスの思いを知り、
愛に駆り立てられて奉仕するなら、
その人はイエスの友です。

選んだのは神さま

あなたがたがわたしを選んだのではない。
わたしがあなたがたを選んだ。（ヨハ15・16）

わたしたちを選び、
使命を与えてくださった神さまは、
使命を果たすための力も
必ず与えてくださいます。
大切なのは、自分の使命を忘れないこと、
最後まであきらめないことです。

9月28日

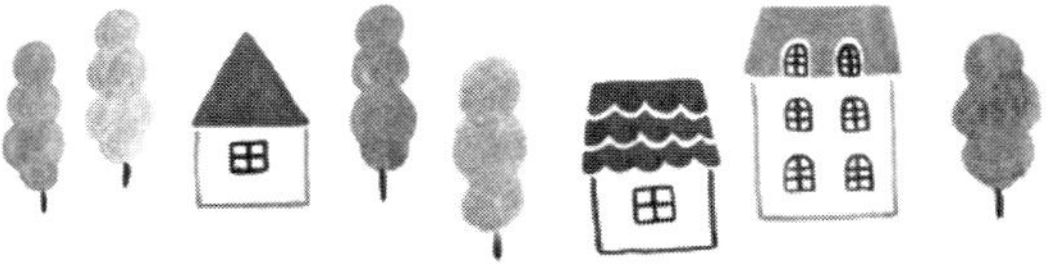

神に属する

あなたがたが世に属していたなら、
世はあなたがたを身内として愛したはずである。
だが、あなたがたは世に属していない。（ヨハ15・19）

何かを選ぶとき、とっさに
「人からどう見られるか」と考えるなら、
その人は世に仕える人。
「どちらが神さまのみ旨にかなうか」と考えるなら、
その人は神さまに仕える人です。

9月29日

あるがままに

わたしたちが神を愛したのではなく、
神がわたしたちを愛して、
わたしたちの罪を償ういけにえとして、
御子をお遣わしになりました。
ここに愛があります。（一ヨハ4・10）

罪深いわたしたちを、神さまは
あるがままに受け入れ、愛してくださいました。
わたしたちもお互いをあるがままに受け入れ、
愛し合うことができますように。

9月30日

10月

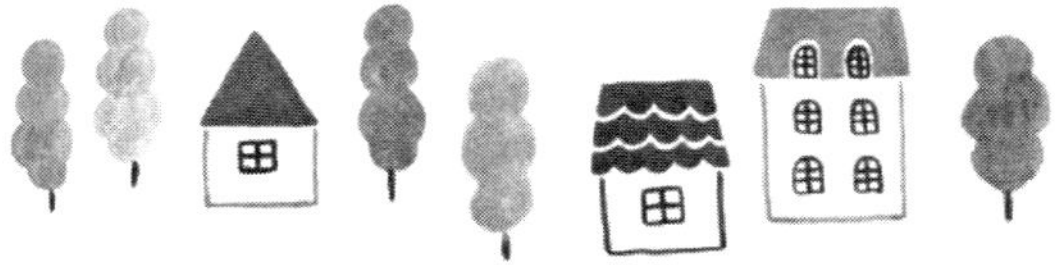

10月1日

生みの苦しみ

女は子供を産むとき、苦しむものだ。……
しかし、子供が生まれると、
一人の人間が世に生まれ出た喜びのために、
もはやその苦痛を思い出さない。（ヨハ16・21）

子供が生まれるときに苦しみがあるように、
古い自分に死んで、新しい自分に
生まれ変わるときにも苦しみがあります。
いつか必ず喜びに変わる苦しみです。

奪えない喜び

わたしは再びあなたがたと会い、
あなたがたは心から喜ぶことになる。
その喜びをあなたがたから奪い去る者はいない。（ヨハ16・22）

何かを手に入れた喜びを、
奪い去るのは簡単なこと。
ですが、すべてを失った苦しみの中で
イエスと出会ったなら、
その喜びを奪い去ることは誰にもできません。

10月2日

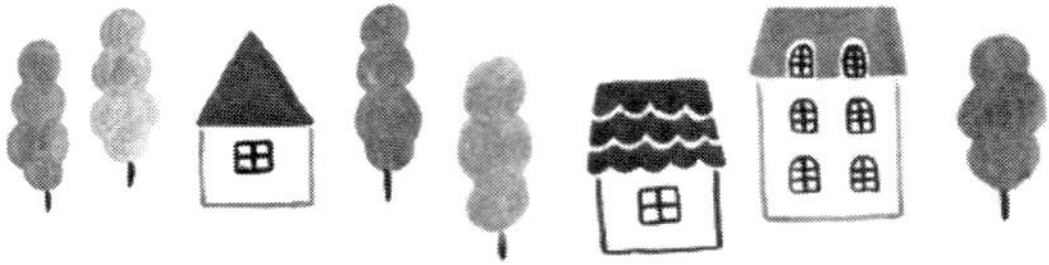

知恵を願う

どうか、あなたの民を正しく裁き、
善と悪を判断することができるように、
この僕《しもべ》に聞き分ける心をお与えください。（王上3・9）

財産や名誉、地位を手に入れても、
知恵がないなら身を亡ぼすだけ。
悪の誘惑を退け、
神のみ旨のままに生きるための
知恵が与えられますように。

10月3日

知恵のある人

主は、すべての人々に
分に応じて知恵を与え、
主を愛する者には
惜しみなくそれを与えられた。（シラ1・10）

どんなに成功しても、神さまを敬い、
決して思い上がらない人。
どんなに失敗しても、神さまを信頼して、
自暴自棄にならない人。
そんな人こそ、本当に知恵のある人です。

10月4日

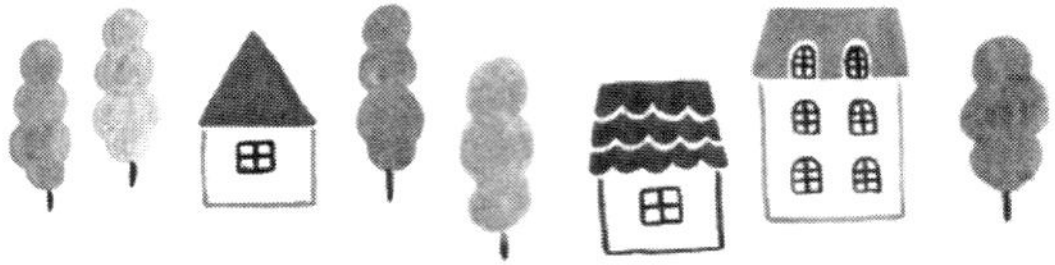

イエスの名

今までは、あなたがたは
わたしの名によっては何も願わなかった。
願いなさい。そうすれば与えられ、
あなたがたは喜びで満たされる。（ヨハ16・24）

イエスの名を唱え、
イエスのぬくもりに触れるとき、
わたしたちの心を神さまの愛が満たします。
本当に必要なものが、必ず与えられるのです。

10月5日

天国への帰還

わたしは父のもとから出て、世に来たが、
今、世を去って、父のもとに行く。（ヨハ16・28）

死とは、地上での使命を果たし終え、
父なる神さまのもとに
帰ってゆくということ。
何も心配する必要はありません。

10月
6日

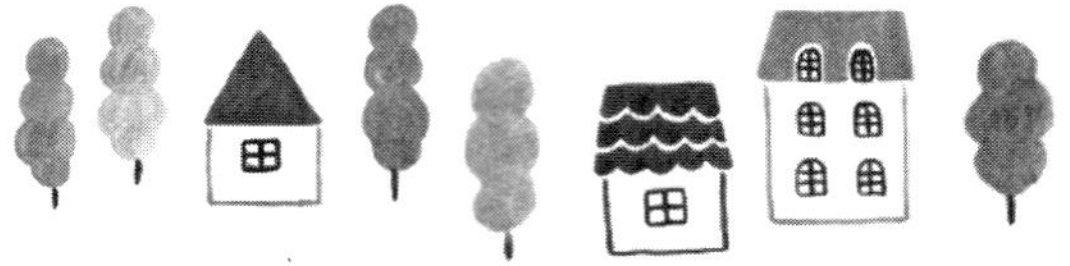

目に見えない力

主は倒れようとする人を
ひとりひとり支え
うずくまっている人を
起こしてくださいます。（詩145・14）

目には見えないけれど、
いつも隣にいて支えてくださる方。
倒れて立ち上がれないときには、
必ず助けの手を差し伸べてくださる方。
それがわたしたちの神さまです。

10月7日

愛の勝利

あなたがたには世で苦難がある。
しかし、勇気を出しなさい。
わたしは既に世に勝っている。（ヨハ16・33）

どれほど激しい悪意も、
神さまの愛の前には無力。
どれほど深い闇も、
真理の輝きを消すことはできません。
恐れずに進みましょう。

10月8日

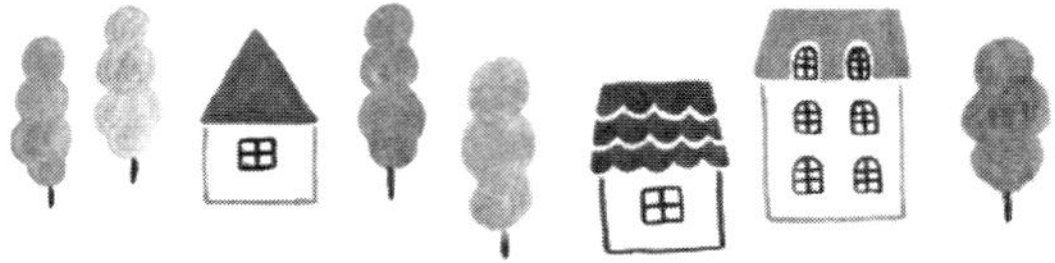

10月9日

あふれる喜び

世にいる間に、
これらのことを語るのは、
わたしの喜びが彼らの内に
満ちあふれるようになるためです。（ヨハ17・13）

神さまの愛に気づき、
神さまの愛にこたえるとき、
喜びがわたしたちの心を満たします。
神さまとわたしたちのあいだに、
愛を完成させましょう。

離れていても

父よ、あなたがわたしの内におられ、
わたしがあなたの内にいるように、
すべての人を
一つにしてください。（ヨハ17・21）

わたしたちの心の中に相手がいて、
相手の心の中にもわたしたちがいるなら、
その人とわたしたちは一つ。
世界中の人々が、互いを思う愛で
一つに結ばれますように。

10月10日

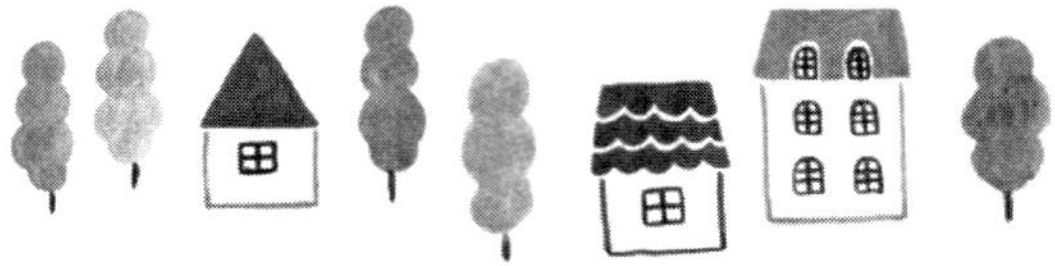

10月11日

み旨のままに

イエスは言われた。
「舟の右側に網を打ちなさい。
そうすればとれるはずだ」。
そこで、網を打ってみると、魚があまり多くて、
もはや網を引き上げることができなかった。（ヨハ21・6）

欲に駆られてあちこち網を打っても、
魚は網に入りません。
欲を捨て去り、
イエスの望む方向に網を打ちましょう。

失敗しても大丈夫

（弟子たちが漁を終えて）
陸に上がってみると、
炭火がおこしてあった。
その上に魚がのせてあり、パンもあった。（ヨハ21・9）

漁がうまくいっても失敗しても、
わたしたちが食べる分は
イエスが準備してくださいます。
安心して漁を続けましょう。

10月12日

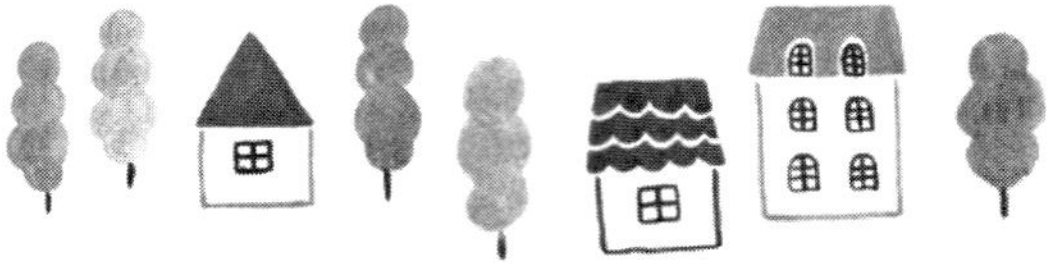

10月13日

自分の使命

わたしの来るときまで
彼が生きていることを、
わたしが望んだとしても、
あなたに何の関係があるか。
あなたは、わたしに従いなさい。（ヨハ21・22）

それぞれに使命が違うのですから、
比較しても仕方ありません。
自分の使命に全力を尽くしましょう。

希望を胸に

なぜ天を見上げて立っているのか。……
イエスは、天に行かれるのを
あなたがたが見たのと同じ有様で、
またおいでになる。（使1・11）

イエスは死んだのではなく、
天国に行って姿が見えなくなっただけ。
しばらく会えなくなるだけで、
必ずいつかまた会える。その希望を胸に、
悲しみから立ち上がりましょう。

10月14日

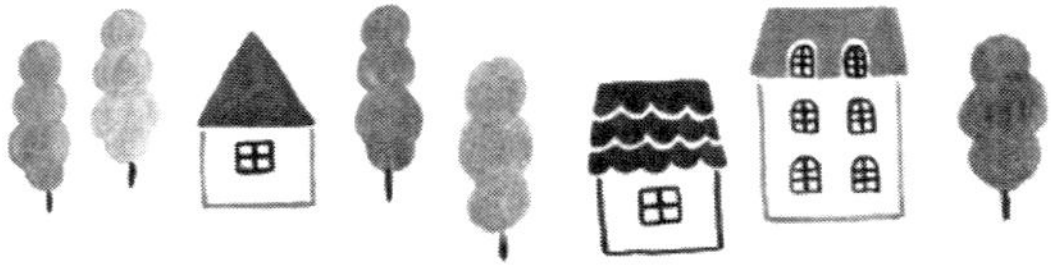

10月15日

話さずにいられない

わたしたちは、
見たことや聞いたことを
話さないではいられないのです。（使4・20）

名医によって病から救われた人は、
同じ病で苦しんでいる友だちに、
その名医のことを話さずにいられないでしょう。
イエスによって救われた人も、それと同じです。

神のみ旨なら

ほうっておくがよい。
あの計画や行動が
人間から出たものなら、自滅するだろうし、
神から出たものであれば、
彼らを滅ぼすことはできない。（使5・38－39）

神のみ旨にかなう計画や行動であれば、
誰にも阻むことはできません。
滅ぼされることより、
神のみ旨から外れることを恐れましょう。

10月16日

目からうろこ

たちまち目からうろこのようなものが落ち、
サウロは元どおり見えるようになった。（使9・18）

謙虚な心で神さまの前に立つとき、
わたしたちの目を覆っていた
迷いや執着が消え去り、
何をすべきか
はっきり見えるようになります。
目からうろこが落ちるのです。

10月17日

愛のしるし

神は御自分のことを証《あか》ししないで
おられたわけではありません。
恵みをくださり、……あなたがたの心を
喜びで満たしてくださっているのです。（使14・17）

道端に咲く花も、小鳥たちのさえずりも、
木々の葉を揺らすさわやかな風も、
すべて神さまの愛のしるし。
感謝せずにはいられません。

10月18日

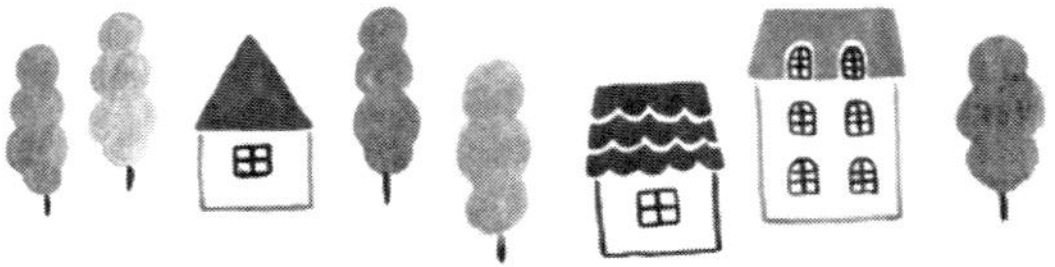

使命を果たす

自分の決められた道を走りとおし、
また、主イエスからいただいた、
神の恵みの福音を力強く証《あか》しする
という任務を果たすことができさえすれば、
この命すら決して惜しいとは思いません。（使20・24）

使命という言葉は、「命を使う」と書きます。
命をかけても惜しくないと思えるほどの使命を、
見つけることができますように。

10月19日

誇れる人はいない

人の誇りはどこにあるのか。
それは取り除かれました。……
わたしたちは、人が義とされるのは
律法の行いによるのではなく、
信仰によると考えるからです。（ロマ3・27－28）

「自分は救われて当然だ」と
主張できる人は誰もいません。
わたしたちは、自分の力によってではなく、
神さまの愛によって救われるのです。

10月20日

10月21日

希望を見つけ出す

彼（アブラハム）は
希望するすべもなかったときに、
なおも望みを抱いて、信じ、……
多くの民の父となりました。（ロマ4・18）

絶望的な状況に置かれても、

「神さまに出来ないことはない」

と信じて歩き続けるのが信仰。

信仰とは、希望のないところに、
希望を見つけ出す力なのです。

希望は欺かない

わたしたちは知っているのです、
苦難は忍耐を、忍耐は練達を、
練達は希望を生むということを。
希望はわたしたちを欺くことがありません。
（ロマ5・3－5）

わたしたちの希望は神さまの愛。
神さまがわたしたちを
欺くことがない以上、
希望がわたしたちを
欺くこともありません。

10月22日

深く悔いる

罪が増したところには、
恵みはなおいっそう
満ちあふれました。（ロマ5・20）

悔い改める人の心を、
神さまはあふれるほどの恵みで
満たしてくださいます。
深く悔いれば悔いるほど、
注がれる恵みは大きいのです。

10月23日

神の子として

あなたがたは、
かつては罪の奴隷でしたが、……
罪から解放され、
義に仕えるようになりました。（ロマ6・17－18）

欲望に引きずられて生きるなら、
その人は欲望の奴隷。
神さまの愛に満たされ、
神さまの愛に動かされて生きるなら、
その人は神の子と呼ばれるでしょう。

10月24日

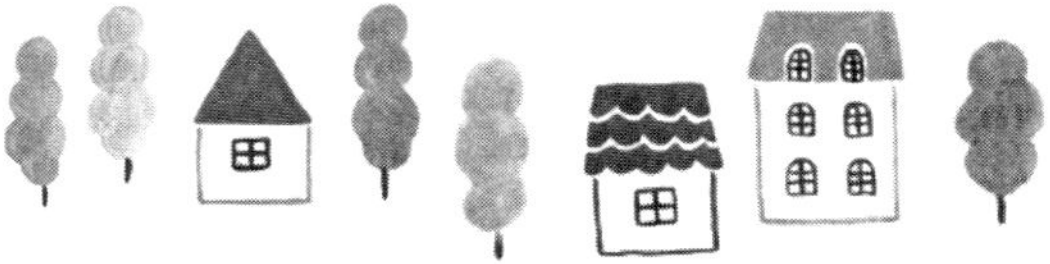

神の子とする霊

あなたがたは、
人を奴隷として
再び恐れに陥れる霊ではなく、
神の子とする霊を受けたのです。（ロマ8・15）

欲望の誘惑に負ければ、
再び恐れに取りつかれます。
誘惑を退ける霊、
わたしたちを神の子とする霊の
導くままに進みましょう。

10月25日

信じて待ち望む

見えるものに対する希望は希望ではありません。……目に見えないものを望んでいるなら、忍耐して待ち望むのです。（ローマ8・24―25）

わたしたちが望むのは、
財産でも名誉でもなく、
目には見えない神さまの愛。
神さまの愛を信じて待ち望む。
それが、わたしたちの希望です。

10月26日

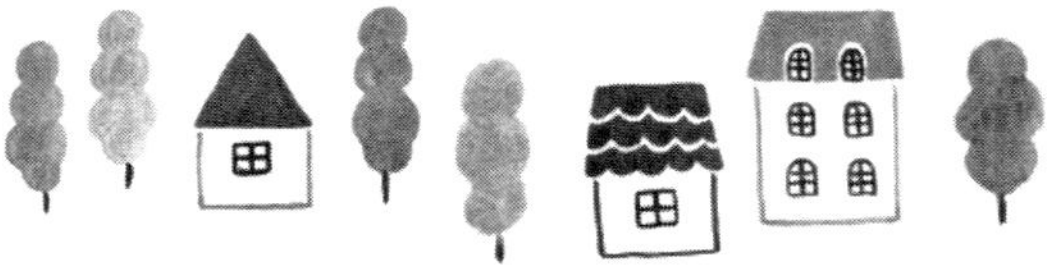

伝える使命

実に、信仰は聞くことにより、
しかも、キリストの言葉を
聞くことによって始まるのです。（ロマ10・17）

誰かから聞かなければ、
神さまがどれほどわたしたちを愛しているか、
想像することさえできません。
キリストの言葉を、一人でも多くの人に
伝えることができますように。

10月27日

魂の沈黙

わたしは魂を沈黙させます。
わたしの魂を、幼子のように
母の胸にいる幼子のようにします。（詩131・2）

恐れや不安から解放され、
静まりかえった心の深みで、
わたしたちは神さまと出会います。
幼子のような心で、
すべてを委ねられますように。

10月28日

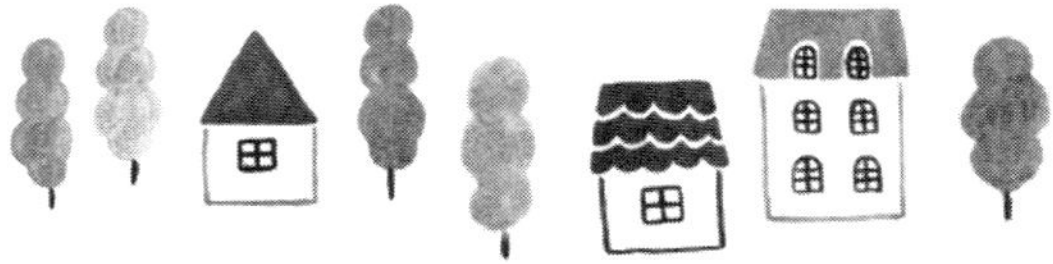

10月29日

意味は必ずある

神の富と知恵と知識の
なんと深いことか。
だれが、神の定めを究め尽くし、
神の道を理解し尽くせよう。（ロマ11・33）

神さまのなさることは、
わたしたちの理解を越えています。
「自分に理解できないだけで、
意味は必ずある」と信じて、
試練を乗り越えられますように。

互いへの尊敬

悪を憎み、善から離れず、
兄弟愛をもって互いに愛し、
尊敬をもって
互いに相手を優れた者と思いなさい。（ロマ12・9－10）

あることでわたしたちより
劣っているように見える相手でも、
他のことではわたしたちより優れています。
すべての人に、その人にしかできない
大切な使命があるのです。

10月30日

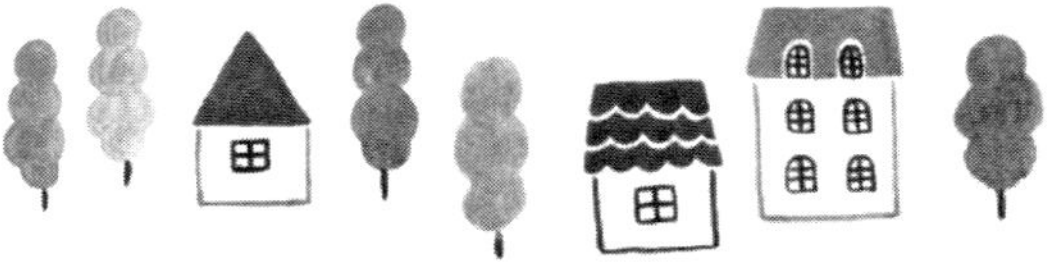

10月31日

共に喜び、共に泣く

愛には偽りがあってはなりません。……
喜ぶ人と共に喜び、
泣く人と共に泣きなさい。（ローマ12・9、15）

愛するとは、
誰かを自分自身のように大切に思うこと。
その人の喜びを自分のことのように喜び、
悲しみを自分のことのように悲しむ。
それが本当の愛です。

11 月

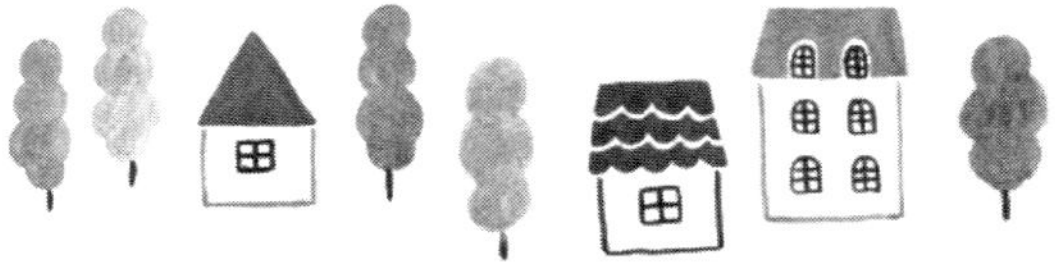

愚かさの中に

神の愚かさは人よりも賢く、
神の弱さは人よりも強い。（一コリ1・25）

自分の利益を一切考えず、
苦しんでいる誰かのために尽くすことは、
人間の目には愚かに見えるかもしれません。
ですが、その愚かさの中にこそ、
本当の幸せが隠されているのです。

11月1日

蝶になる

愚か者たちの目には彼らは死んだ者と映り、
この世からの旅立ちは災い、
自分たちからの離別は破滅に見えた。
ところが彼らは平和のうちにいる。（知3・2－3）

人間の死は、まるで
芋虫が蝶になるようなもの。
芋虫の目には死に見えたとしても、
蝶にとってそれは誕生なのです。

11月2日

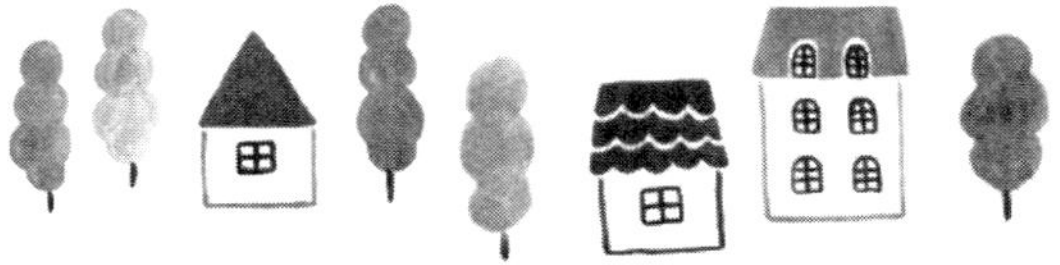

いただきもの

あなたの持っているもので、
いただかなかったものがあるでしょうか。
もしいただいたのなら、
なぜいただかなかったような顔をして
高ぶるのですか。（一コリ4・7）

本当に大切なものは、
自分の力で手に入れることができません。
愛や友情、健康、生命など、
すべていただいたものばかりです。

11月3日

喜びの福音

わたしが福音を告げ知らせても、
それはわたしの誇りにはなりません。
そうせずにはいられないことだからです。（一コリ9・16）

神さまの愛と出会った喜びは、
心の底からあふれ出し、
言葉や表情、仕草を通して
出会うすべての人の心に流れ込みます。
隠すことなどできません。

11月4日

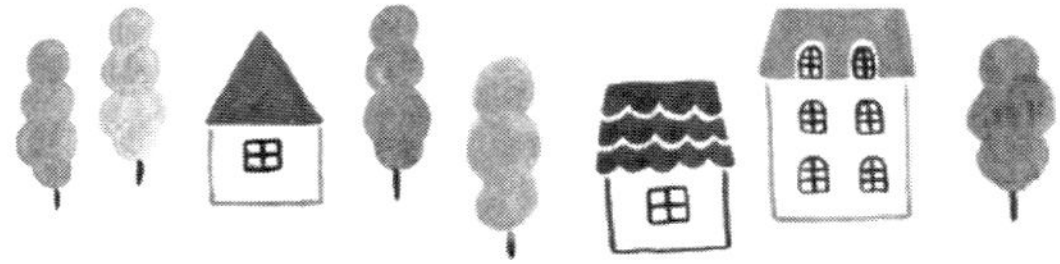

逃れる道

神は真実な方です。
あなたがたを耐えられないような
試練に遭わせることはなさらず、
試練と共に、それに耐えられるよう、
逃れる道をも備えていてくださいます。
（一コリ10・13）

神さまが試練を与えるなら、
それはわたしたちを成長させるため。
もう駄目だと思っても、必ずどこかに
乗り越えるための道があるはずです。

11月5日

心で感じる

神はわたしたちに、
新しい契約に仕える資格、
文字ではなく霊に仕える資格を
与えてくださいました。
文字は殺しますが、霊は生かします。（二コリ3・6）

文字に閉じ込めた瞬間、
愛は死んでしまいます。
文字からあふれる神さまの愛を、
心で感じ取りましょう。

11月6日

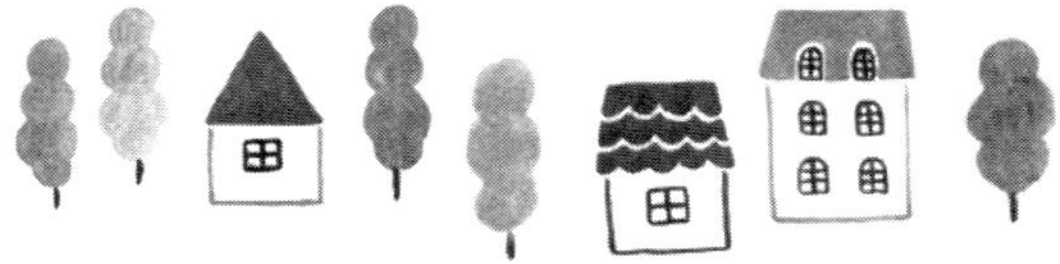

11月7日

土の器

わたしたちは、
このような宝を土の器に納めています。
この並外れて偉大な力が神のものであって、
わたしたちから出たものでないことが
明らかになるために。（二コリ4・7）

「なぜあの人に、こんなことができるのだろう」
と思われるときにこそ、神の栄光が輝きます。
それをしたのは、
わたしたちではなく神さまなのです。

神さまとの和解

神はキリストによって
世を御自分と和解させ、
人々の罪の責任を問うことなく、
和解の言葉をわたしたちに
ゆだねられたのです。（二コリ5・19）

神との和解とは、神がお造りになった
この世界と和解し、隣人たちと和解し、
自分自身と和解するということです。

11月8日

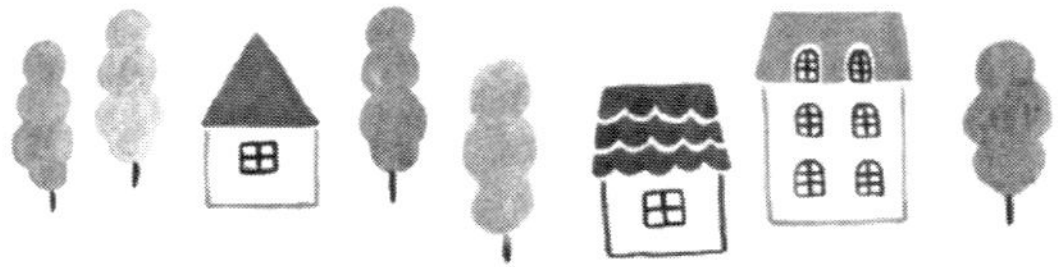

11月9日

まっすぐに

不法を行う者をうらやむな、
その道を選ぶな。
主は曲がった者をいとい
まっすぐな人と交わってくださる。（箴3・31－32）

道からそれて曲がった人は、
どこまで行っても
神さまと会うことができません。
神さまから与えられた道を、
まっすぐ歩き続けましょう。

救われたからこそ

あなたがたは、恵みにより、
信仰によって救われました。
このことは、自らの力によるのではなく、
神の賜物です。
行いによるのではありません。（エフェ2・8－9）

神さまと出会うとき、
何をすべきかがはっきり示されます。
救われるために行うのではありません。
救われたからこそ行うのです。

11月10日

11月11日

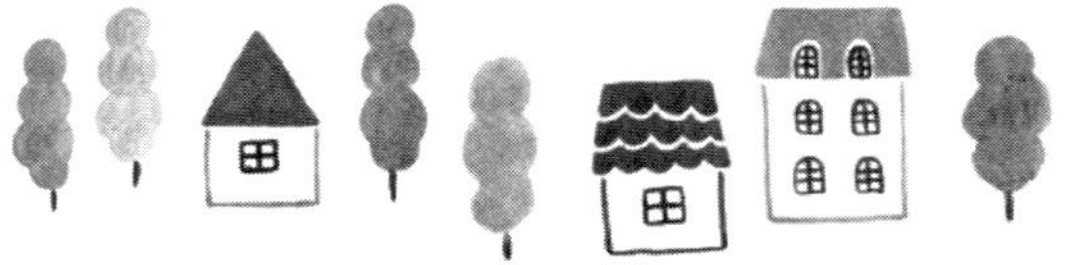

怒りの理由

怒ることがあっても、
罪を犯してはなりません。
日が暮れるまで
怒ったままでいてはいけません。（エフェ4・26）

怒りを感じたなら、

「なぜ、そんなに腹を立てるのか」

と自分自身に問いかけましょう。

怒りの理由を見つけたら、
それを神さまの手にお委ねしましょう。

光の子として

あなたがたは、以前には暗闇でしたが、今は主に結ばれて、光となっています。光の子として歩みなさい。（エフェ5・8）

恐れや不安、怒り、憎しみに負けて、闇の道に迷い込むことがありませんように。神さまの愛に導かれ、光の子として、光の道を歩み続けられますように。

11月12日

11月13日

愛を生きる

何事も利己心や虚栄心からするのではなく、
へりくだって、
互いに相手を自分より優れた者と考え、
めいめい自分のことだけでなく、
他人のことにも注意を払いなさい。（フィリ2・3－4）

愛する人は、相手を敬い、
相手のことを少しでも多く知りたい、
相手を喜ばせたいと願います。
すべての人を愛せますように。

どんなときでも

わたしは、自分の置かれた境遇に
満足することを習い覚えたのです。
貧しく暮らすすべも、
豊かに暮らすすべも知っています。
（フィリ4・11―12）

豊かなときも驕《おご》ることなく、
貧しいときも希望を捨てず、
神さまとしっかりつながって
生きることができますように。

11月14日

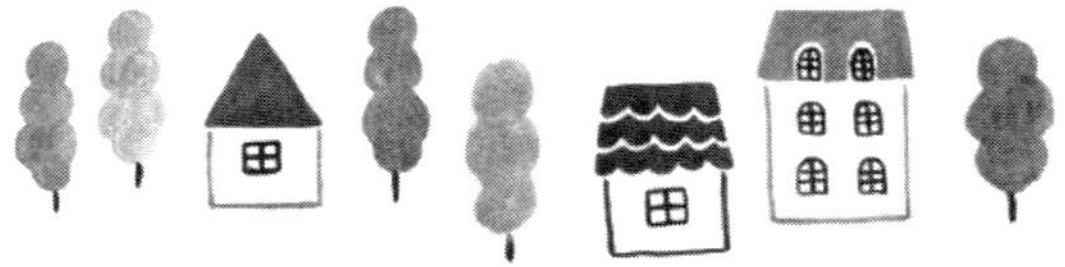

苦しみを共に担う

今やわたしは、
あなたがたのために苦しむことを喜びとし、
キリストの体である教会のために、
キリストの苦しみの欠けたところを
身をもって満たしています。（コロ1・24）

キリストは、共に苦しむことで
わたしたちを救ってくださいました。
わたしたちも、誰かの苦しみを
共に担うことができますように。

11月15日

互いの幸せ

人間の言い伝えにすぎない哲学、
つまり、むなしいだまし事によって
人のとりこにされないように気をつけなさい。（コロ2・8）

自分の幸せだけを願う哲学では、
幸せになることができません。
幸せは、互いに相手のことを思い、
互いの幸せを願う人たちの間に生まれるのです。

11月16日

11月17日

キリストを目指して

上にあるものに心を留め、
地上のものに
心を引かれないようにしなさい。（コロ3・2）

星を目指して進む旅人が、
道に迷うことのないように、
キリストを目指して進むなら、
人生に迷うことはありません。
地上のものに心をひかれ、
道を踏み外さないようにしましょう。

古い服を脱ぐ

古い人をその行いと共に脱ぎ捨て、
造り主の姿に倣う新しい人を身に着け、
日々新たにされて、真の知識に達するのです。（コロ3・9－10）

古い服を脱ぎ捨てるように、
悪い習慣から抜け出しましょう。
柔和、謙遜、親切を身に着け、
新しい自分に
生まれ変わることができますように。

11月18日

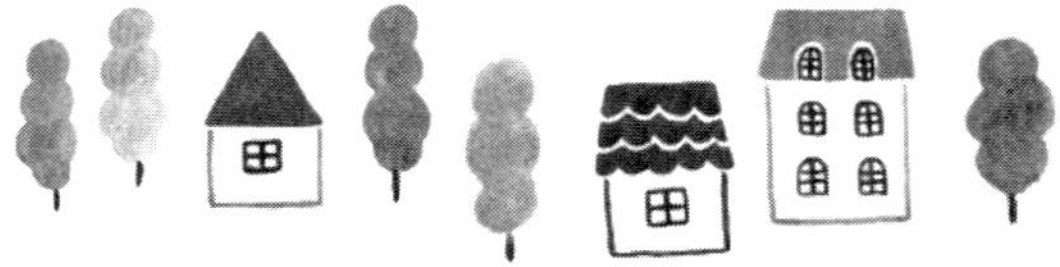

完全な人はいない

互いに忍び合い、
責めるべきことがあっても、
赦し合いなさい。
主があなたがたを赦してくださったように、
あなたがたも同じようにしなさい。（コロ3・13）

相手の落ち度を容赦なく責められるほど、
完全な人など誰もいません。
互いに不完全で、弱さを抱えた人間同士。
ゆるしあい、受け入れあうことができますように。

11月19日

生活の証《あかし》

落ち着いた生活をし、
自分の仕事に励み、
自分の手で働くように努めなさい。（一テサ4・11）

信仰が本物かどうかは、
生活を見ればわかります。
誠実に働き、穏やかで、
落ち着きのある人は、
生き方によって信仰を証するのです。

11月
20日

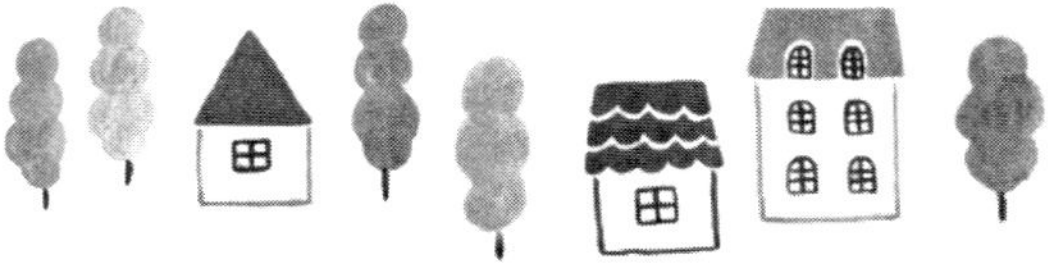

11月21日

愛こそ光

あなたがたはすべて光の子、
昼の子だからです。わたしたちは、
夜にも暗闇にも属していません。（一テサ5・5）

わたしたちの心を照らす光は愛。
愛を妨げるものはすべて闇です。
怒りや憎しみで心が覆われるとき、
わたしたちは闇の中におり、
ゆるして相手を思いやるとき、
わたしたちは光の中にいるのです。

まず感謝から

いつも喜んでいなさい。
絶えず祈りなさい。
どんなことにも感謝しなさい。（一テサ5・16－18）

神さまからの恵みに気づき、
感謝の祈りを捧げるとき、
わたしたちの心は喜びで満たされます。
感謝を忘れないこと。
それが喜びに満ちた人生の鍵です。

11月22日

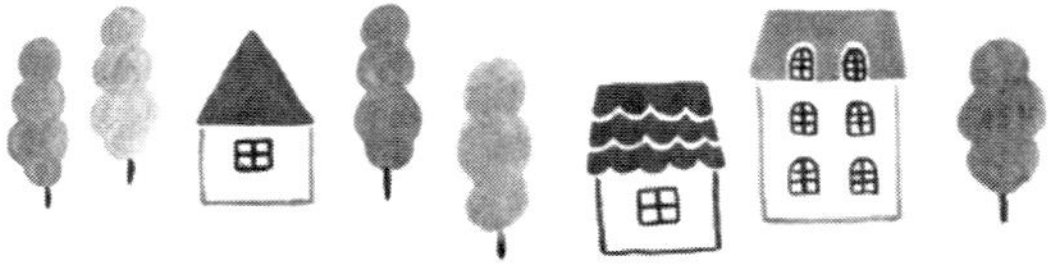

利得の道

信心は、満ち足りることを知る者には、
大きな利得の道です。なぜならば、
わたしたちは、何も持たずに世に生まれ、
世を去るときは
何も持って行くことができないからです。（一テモ6・6―7）

神さまの愛で満足している人は、
富や名誉を手に入れるために
時間を無駄にせず、より多くの時間を
愛するために使うことができます。

11月23日

満たされた心

食べる物と着る物があれば、
わたしたちはそれで満足すべきです。
金持ちになろうとする者は、
誘惑、罠《わな》、無分別で有害な
さまざまの欲望に陥ります。（一テモ6・8－9）

必要以上のものを求めれば、
必要以上に苦しみが増します。
日々の恵みに感謝し、満たされた心で
生きてゆくことができますように。

11月24日

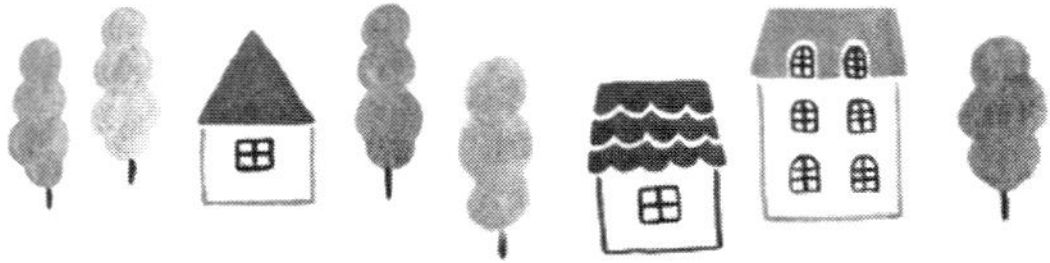

11月25日

真実な愛

わたしたちが誠実でなくても、
キリストは常に真実であられる。
キリストは御自身を
否むことができないからである。（二テモ2・13）

愛であるキリストが愛を拒むなら、
それは自分を否定するのと同じ。
キリストは、助けを求めるわたしたちを、
決して拒むことがありません。

自分との戦い

世を去る時が近づきました。
わたしは、戦いを立派に戦い抜き、
決められた道を走りとおし、
信仰を守り抜きました。
今や、義の栄冠を受けるばかりです。（二テモ4・6－8）

人生が戦いだとすれば、
それは絶え間ない自分との戦い。
自分の弱さに打ち勝ち、
神の栄光を輝かすことができますように。

11月26日

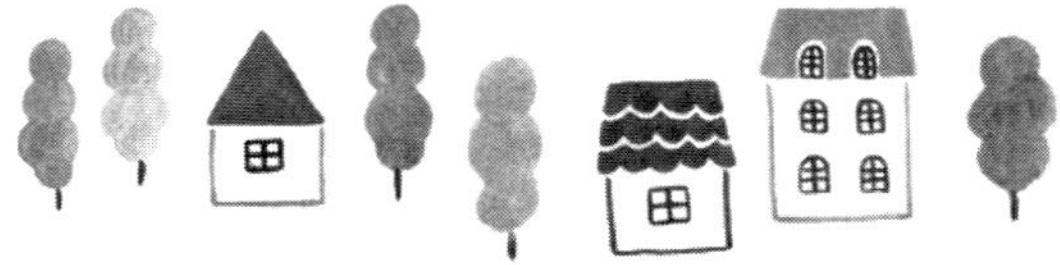

11月27日

共感の恵み

（イエスは）御自身、
試練を受けて苦しまれたからこそ、
試練を受けている人たちを
助けることがおできになるのです。（ヘブ2・18）

苦しみを味わった人は、
同じ苦しみを味わっている人に
深く共感することができます。
共に涙を流し、苦しみを
共に担うことができるのです。

隠す必要はない

**この大祭司は、わたしたちの
弱さに同情できない方ではなく、
罪を犯されなかったが、あらゆる点において、
わたしたちと同様に試練に遭われたのです。**（ヘブ4・15）

弱さを隠す必要はありません。
イエスは人間の弱さを十分に知り、
それでも人間を見捨てなかった方。
弱いわたしたちを、
そのまま受け入れてくださる方なのです。

11月28日

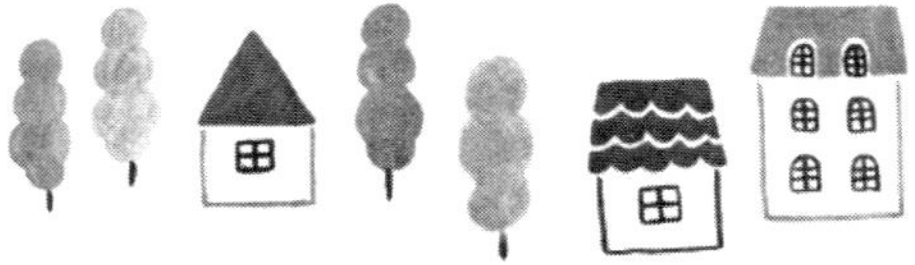

ただ前を見て

わたしたちもまた、……すべての重荷や
絡みつく罪をかなぐり捨てて、
自分に定められている競走を
忍耐強く走り抜こうではありませんか。（ヘブ12・1）

ただ前だけを見て
走り続けるランナーのように、
余計なことは考えず、
今を精いっぱいに生きましょう。

11月29日

もてなす心

旅人をもてなすことを忘れてはいけません。
そうすることで、ある人たちは、
気づかずに天使たちをもてなしました。（ヘブ13・2）

神さまは、いつどんな姿で
やって来られるか分かりません。
すべての出会いを大切にし、
一人ひとりを
丁寧にお迎えできますように。

11月30日

12月

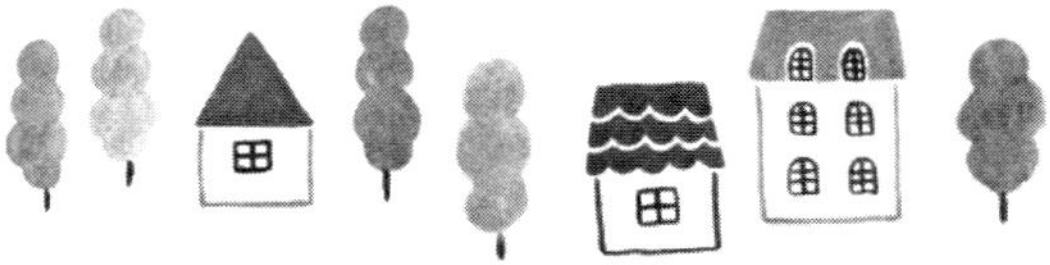

12月1日

知恵の源

上から出た知恵は、
何よりもまず、
純真で、更に、温和で、
優しく、従順なものです。
憐れみと良い実に満ちています。（ヤコ3・17）

知恵の源は愛。
神さまの愛に満たされ、
愛が導くままに生きる人こそ、
本当に知恵のある人なのです。

きっぱり答える

**裁きを受けないようにするために、
あなたがたは「然り」は「然り」とし、
「否」は「否」としなさい。**（ヤコ5・12）

大切なのは、
自分を守ろうとして嘘をついたり、
曖昧な態度をとったりしないこと。
神のみ旨のままに、「はい」は「はい」、
「いいえ」は「いいえ」と答えることです。

12月2日

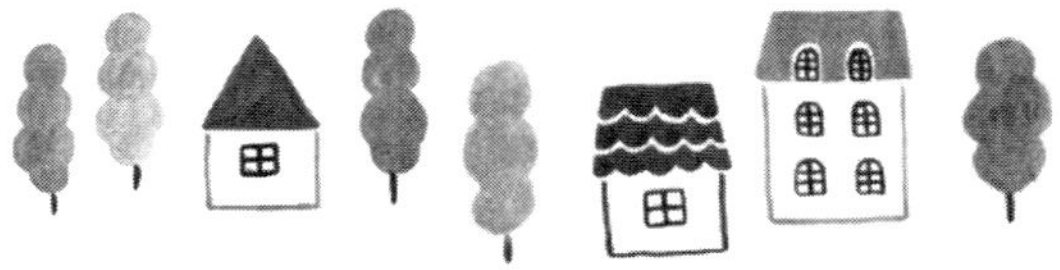

仕えるための恵み

あなたがたはそれぞれ、
賜物を授かっているのですから、
神のさまざまな恵みの善い管理者として、
その賜物を生かして互いに仕えなさい。（一ペト4・10）

特別な才能を与えられたとすれば、
それは、その才能を使って
みんなを幸せにするため。
独り占めにするためではありません。

12月3日

謙虚な心で

ゆだねられている人々に対して、
権威を振り回してもいけません。
むしろ、群れの模範になりなさい。（一ペト5・3）

権威を振り回すことなく、
謙虚な心で奉仕する人は、
誰からも尊敬されます。
権威は、使わないことによって
最も効果を発揮するのです。

12月4日

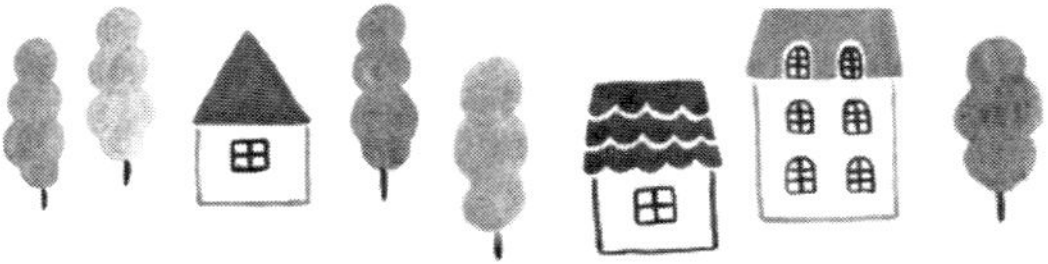

神さまに任せる

思い煩いは、
何もかも神にお任せしなさい。
神が、あなたがたのことを
心にかけていてくださるからです。（一ペト5・7）

自分の力でどうにもならないことを、
思い悩んでも仕方ありません。
どうにもならないことは神さまに委ね、
どうにかなることに全力を尽くしましょう。

12月5日

信仰の完成

力を尽くして信仰には徳を、
徳には知識を、知識には自制を、
自制には忍耐を、忍耐には信心を、
信心には兄弟愛を、
兄弟愛には愛を加えなさい。（二ペト1・5－7）

信仰は、愛によって完成されます。
自分を愛し、家族や仲間を愛し、
出会うすべての人を愛することで、
信仰を完成させましょう。

12月6日

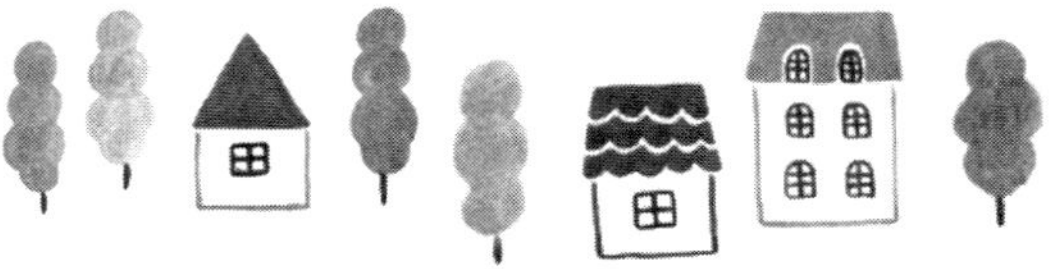

神は光

わたしたちがイエスから既に聞いていて、
あなたがたに伝える知らせとは、
神は光であり、
神には闇が全くないということです。（一ヨハ1・5）

心に壁を作るとき、
光が射さない闇が生まれます。
何かを隠すための壁や、
自分を守るための壁を取り払い、
光で心を満たしましょう。

12月7日

愛に導かれて

兄弟を愛する人は、いつも光の中におり、
その人にはつまずきがありません。
しかし、兄弟を憎む者は闇の中におり、……
自分がどこへ行くかを知りません。（一ヨハ2・10－11）

憎しみに引きずられて
怒りと争いの闇の中を歩むのか、
それとも愛に導かれて
喜びと一致の光の中を歩むのか。
選ぶのはわたしたちです。

12月8日

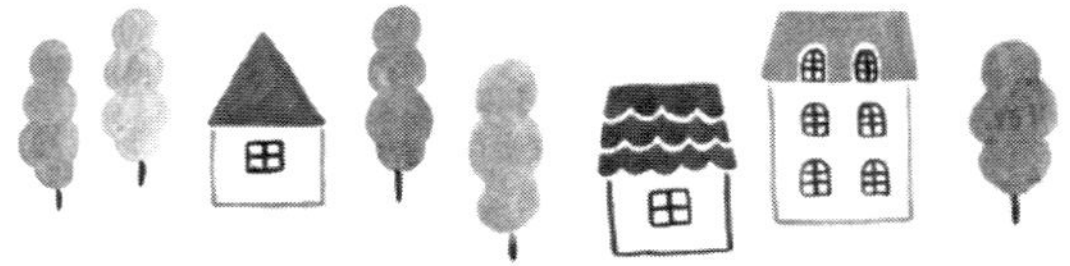

12月9日

愛の刻印

御父がどれほどわたしたちを
愛してくださるか、考えなさい。
それは、わたしたちが神の子と呼ばれるほどで、
事実また、そのとおりです。（一ヨハ3・1）

苦しんでいる人を見たとき、
「放っておくことはできない」と感じるのは、
わたしたちの心に
神さまの愛が刻まれているから。
わたしたちが、神さまの子供だからです。

ふさわしい生き方

愛する者たち、わたしたちは
心に責められることがなければ、
神の御前で確信を持つことができ、
神に願うことは何でもかなえられます。（一ヨハ3・21−22）

心にやましいところがあれば、
心を開いて神さまの愛を
受け止めることができません。
神さまの愛を受けるのに、
ふさわしい生き方を選べますように。

12月10日

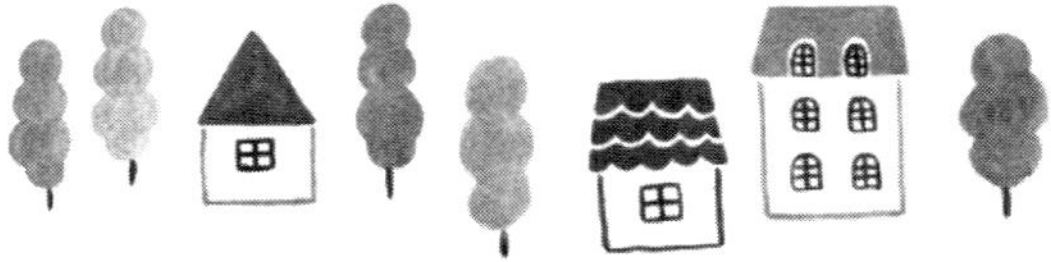

神を知る

愛する者たち、互いに愛し合いましょう。
愛は神から出るもので、
愛する者は皆、神から生まれ、
神を知っているからです。（一ヨハ4・7）

互いに愛しあうとき、
わたしたちの心は喜びと力で満たされます。
わたしたちの間に生まれた愛は、
心からあふれ出して全世界を包み込みます。
その愛は、永遠に消えることがありません。

12月11日

神は愛

愛することのない者は
神を知りません。
神は愛だからです。（一ヨハ4・8）

互いに愛し合わない限り、
愛が何かを知ることはできません。
愛が何かを知らない限り、
神を知ることもできないのです。

12月12日

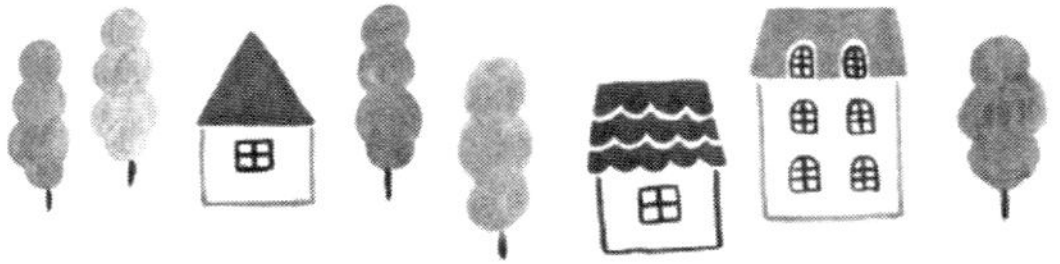

12月
13日

願いは届く

願い事は何でも聞き入れてくださる
ということが分かるなら、
神に願ったことは
既にかなえられていることも分かります。（一ヨハ5・15）

「相手をゆるせますように」と願うなら、
すでにゆるしが始まっています。
「愛することができますように」と願うなら、
すでに愛が始まっています。

初めのころの愛

あなたは初めのころの愛から離れてしまった。
だから、どこから落ちたかを思い出し、
悔い改めて初めのころの行いに立ち戻れ。（黙2・4―5）

今日初めて出会ったかのように、
今日が最後の日であるかのように、
わたしたちに与えられているのは
今日だけであるかのように愛しましょう。

12月14日

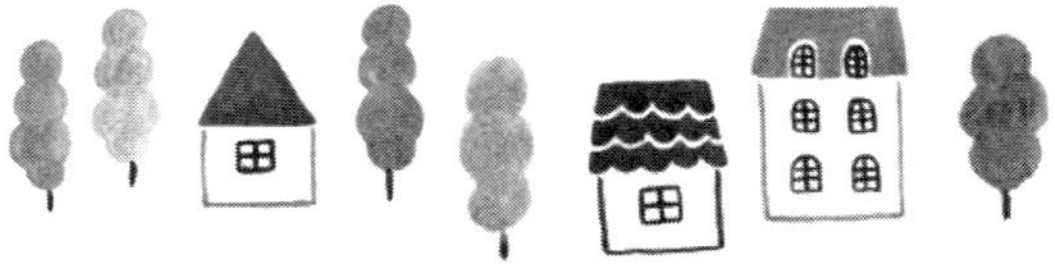

12月15日

命のリレー

エレアザルはマタンを、マタンはヤコブを、
ヤコブはマリアの夫ヨセフをもうけた。
このマリアからメシアと呼ばれる
イエスがお生まれになった。（マタ1・15－16）

系図の流れは、親から子へ、
子から孫へと続く命のリレー。
神さまからいただいた命を、
次の世代につなぐことができますように。

心の道

主のために、荒れ野に道を備え
わたしたちの神のために、
荒れ地に広い道を通せ。（イザ40・3）

怒りや憎しみ、恐れや不安で
心がふさがれているなら、
イエスさまは入ってこられません。
一つひとつ取り除いて、
心の道を準備しましょう。

12月16日

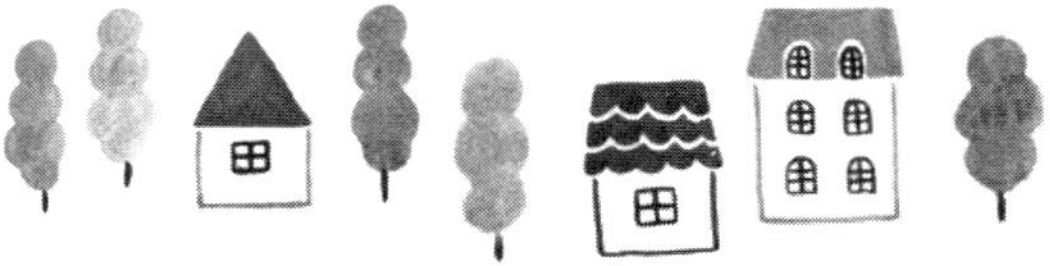

神さまの力

聖霊があなたに降り、
いと高き方の力があなたを包む。
だから、生まれる子は聖なる者、
神の子と呼ばれる。（ルカ1・35）

それが神のみ旨であるなら、

「そんなことをする力はありません」

という言い訳は通用しません。

成し遂げるための力は、
神さまが与えてくださるからです。

12月17日

信じて委ねる

わたしは主のはしためです。
お言葉どおり、
この身に成りますように。（ルカ1・38）

マリアが承諾しなければ、
救いの業《わざ》は始まりませんでした。
信じて神さまに身を委ねるとき、
わたしたちの内に神さまの力が宿り、
この地上に救いの業が始まるのです。

12月18日

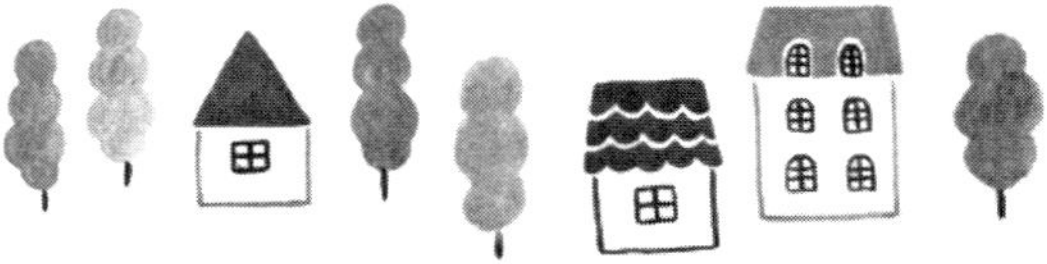

共におられる神

**「見よ、おとめが身ごもって男の子を産む。
その名はインマヌエルと呼ばれる」。
この名は、「神は我々と共におられる」
という意味である。**（マタイ1・23）

わたしたちの神さまは、
天国から見ているだけでなく、
地上に降りてわたしたちと共に生き、
わたしたちの喜びも悲しみも、
共に味わってくださる方です。

12月19日

喜びを届ける

マリアは出かけて、……
エリサベトに挨拶した。
マリアの挨拶をエリサベトが聞いたとき、
その胎内の子がおどった。（ルカ1・39―41）

マリアの心を満たした喜びは、
挨拶の言葉からさえあふれ出し、
エリサベトの胎内の子にまで届きました。
わたしたちも、出会うすべての人たちに、
喜びを届けられますように。

12月20日

馬小屋の福音

あなたがたは、
布にくるまって飼《か》い葉《ば》桶《おけ》の中に寝ている
乳飲み子を見つけるであろう。
これがあなたがたへのしるしである。（ルカ2・12）

貧しい羊飼いたちが
遠慮なく近づけるように、
イエスは馬小屋で生まれました。
神の子が馬小屋で誕生したこと。
そのこと自体が福音なのです。

12月
21日

栄光と平和

いと高きところには栄光、
神にあれ、地には平和、
御心《みこころ》に適う人にあれ。（ルカ2・14）

神さまの愛が
人間の心に宿るとき、
天には神の栄光が輝き、
地には平和が訪れます。
神さまの愛を、
生きることができますように。

12月
22日

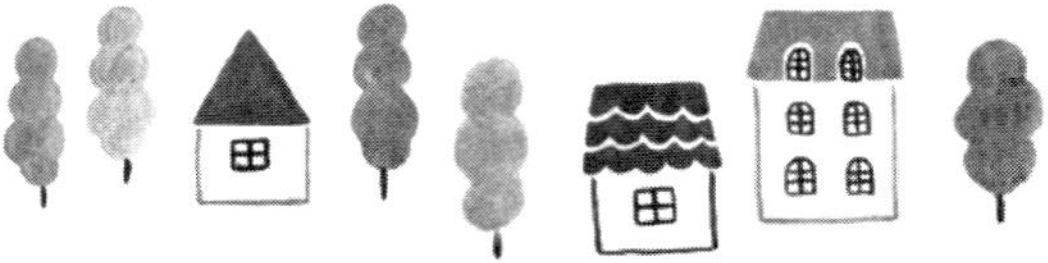

12月23日

心に納める

聞いた者は皆、
羊飼いたちの話を不思議に思った。
しかし、マリアはこれらの出来事をすべて
心に納めて、思い巡らしていた。（ルカ2・18－19）

羊飼いたちの話を心に納め、
その意味を神さまに問い続けたマリア。
どんなに不思議な出来事にも、
きっと意味があるはずと、
マリアは信じていたのです。

希望の光

この憐れみによって、
高い所からあけぼのの光が我らを訪れ、
暗闇と死の陰に座している者たちを照らし、
我らの歩みを平和の道に導く。（ルカ1・78－79）

互いへの恐れや不信感が、
わたしたちの間に争いを生みます。
わたしたちの心を神さまの愛で満たし、
信頼で結びつけるキリストこそ、
世界を照らす希望の光、平和への道なのです。

12月24日

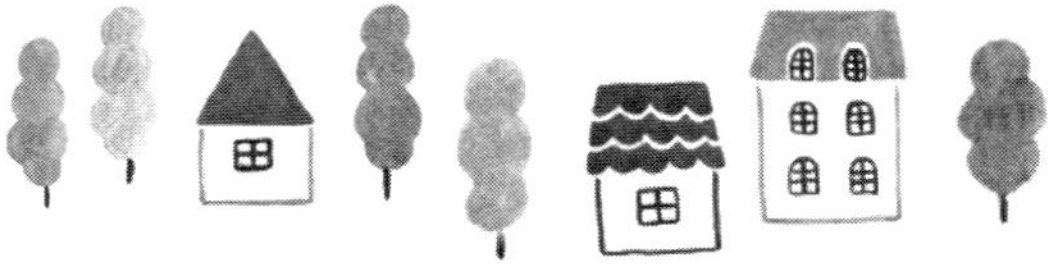

愛のあふれ

言《ことば》は肉となって、
わたしたちの間に宿られた。
わたしたちはその栄光を見た。（ヨハ1・14）

イエスさまが誕生したとき、
目には見えない神さまの愛が、
わたしたちの前に姿を現しました。
イエスさまの産声、表情、仕草、
すべてを通して、神さまの愛が
世界にあふれ出したのです。

12月25日

闇に輝く光

闇の中を歩む民は、大いなる光を見
死の陰の地に住む者の上に、光が輝いた。（イザ9・1）

すべての人が、
かけがえのない神さまの子供。
すべての人生には必ず意味がある。
その確信こそ、
わたしたちを照らす希望の光、
苦しみを生き抜くための力です。

12月26日

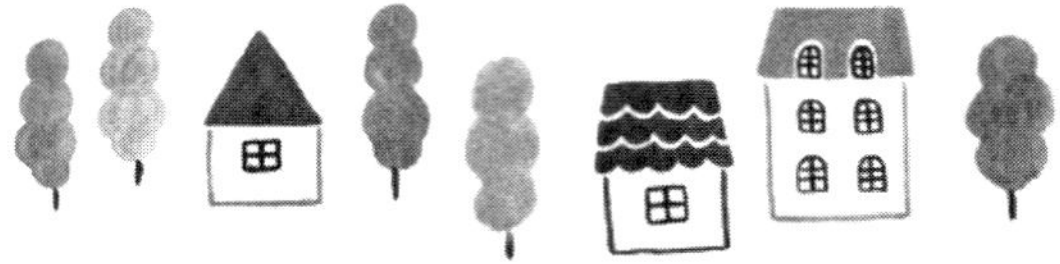

救いのしるし

そのとき、歩けなかった人が
鹿のように躍り上がる。
口の利けなかった人が喜び歌う。（イザ35・6）

絶望の闇の中に倒れていた人が、
希望の光を見出して立ち上がり、
不平不満しか言えなかった人が、
感謝の言葉を語り始める。
それこそ、救いが訪れたしるしです。

12月27日

闇からの解放

光が世に来たのに、
人々はその行いが悪いので、
光よりも闇の方を好んだ。
それが、もう裁きになっている。（ヨハ3・19）

闇の中にとどまり続ける人を、
わたしたちが改めて裁く必要はありません。
その人を、闇の中から救い出すのが
わたしたちの使命です。

12月28日

12月29日

星に導かれて

東方で見た星が先立って進み、
ついに幼子のいる場所の上に止まった。
学者たちはその星を見て喜びにあふれた。（マタ2・9－10）

清らかで美しいもの、
気高くて尊いものの放つ光に、
引き寄せられるわたしたちの心。
光に向かって進むとき、わたしたちは
光の中でキリストと出会うのです。

裸のままで

わたしは裸で母の胎を出た。
裸でそこに帰ろう。
主は与え、主は奪う。
主の御名はほめたたえられよ。（ヨブ1・21）

立つことや話すことが
できなくなったとしても、
それは元の姿に戻っただけのこと。
生まれたときの姿で、
神さまのもとに帰りましょう。

12月30日

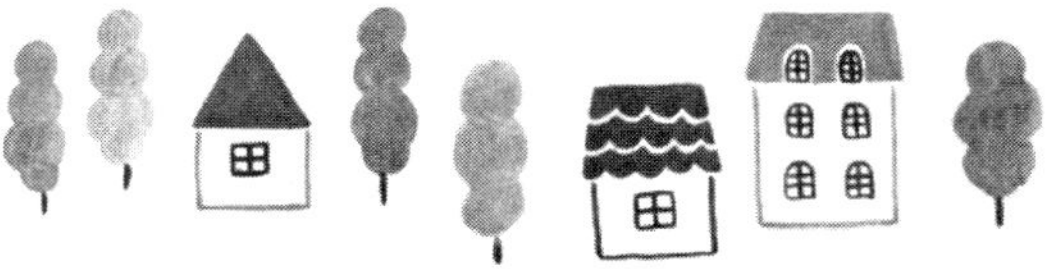

愛の完成

神は自ら人と共にいて、
その神となり、彼らの目の涙を
ことごとくぬぐい取ってくださる。
もはや死はなく、
もはや悲しみも嘆きも労苦もない。（黙21・3－4）

終末とは、神さまの愛が完成するときのこと。
時間の終わりに、
神さまはこの世界を愛で満たし、
すべての苦しみを取り去ってくださるのです。

12月31日

おわりに

イエス・キリストは、聖書を通して今もわたしたちに語りかけています。イエスの行いや言葉が記された聖書のページの向こう側から、イエスは今この瞬間も、「あなたは神さまの子供。神さまはあなたを愛している」と、わたしたちに向かって語りかけているのです。聖書を読むとは、その声に耳を傾けること。ときにはこちらからも語りかけながら、イエスと対話することだと言っていいでしょう。

人生の目的や意味、困難を乗り越えるための力、対人関係のトラブルを解決するための知恵など、聖書には、わたしたちが生きてゆくために必要なものがすべて詰め込まれています。聖書と共に歩む皆さんの上に、神さまの祝福が豊かに注がれますように。

《著者紹介》
片柳弘史（かたやなぎ・ひろし）
1971年埼玉県上尾市生まれ。1994年慶應義塾大学法学部法律学科卒業。1994－95年インド・コルカタにてボランティア活動に従事。マザー・テレサから神父になるよう勧められる。1998年イエズス会入会。現在は山口県宇部市で教会の神父、幼稚園の講師、刑務所の教誨師として働く。
『世界で一番たいせつなあなたへ――マザー・テレサからの贈り物』（PHP 研究所）、『ぬくもりの記憶』『あなたはわたしの愛する子』（どちらも教文館）など著作多数。

装丁・本文レイアウト＝後藤葉子　装画・挿絵＝今井夏子

始まりのことば――聖書と共に歩む日々366

2018年11月30日　初版発行
2025年 3 月10日　7 版発行

著　者　片柳弘史
発行者　渡部　満
発行所　株式会社　教文館
〒104-0061　東京都中央区銀座4-5-1
電話 03(3561)5549　FAX 03(5250)5107
URL　http://www.kyobunkwan.co.jp/publishing/
印刷所　モリモト印刷株式会社

配給元　日キ販　〒112-0014　東京都文京区関口 1-44-4
電話 03(3260)5670　FAX 03(3260)5637

ISBN978-4-7642-0037-1　Printed in Japan

こころの
深呼吸
気づきと癒しの言葉366
片柳弘史

やさしさの
贈り物
日々に寄り添う言葉366
片柳弘史